CB082117

ÀS PORTAS DA REGENERAÇÃO

Fatos e dados que revelam a proximidade da regeneração e os percalços até sua chegada.

EDITORA EME

Solicite nosso catálogo completo, com mais de 400 títulos, onde você encontra as melhores opções do bom livro espírita: literatura infantojuvenil, contos, obras biográficas e de autoajuda, mensagens espirituais, romances, estudos doutrinários, obras básicas de Allan Kardec, e mais os esclarecedores cursos e estudos para aplicação no centro espírita – iniciação, mediunidade, reuniões mediúnicas, oratória, desobsessão, fluidos e passes.

E caso não encontre os nossos livros na livraria de sua preferência, solicite o endereço de nosso distribuidor mais próximo de você.

Edição e distribuição

EDITORA EME

Caixa Postal 1820 – CEP 13360-000 – Capivari-SP
Telefones: (19) 3491-7000 | 3491-5449
Vivo (19) 9 9983-2575 | Claro (19) 9 9317-2800
vendas@editoraeme.com.br – editoraeme.com.br

Juliano P. Fagundes

ÀS PORTAS DA REGENERAÇÃO

Fatos e dados que revelam a proximidade da regeneração e os percalços até sua chegada.

Capivari-SP
- 2020 -

Os direitos autorais desta obra foram cedidos pelo autor para a Editora EME, o que propicia a venda dos livros com preços mais acessíveis e a manutenção de campanhas com preços especiais a Clubes do Livro de todo o Brasil.

A Editora EME mantém o Centro Espírita "Mensagem de Esperança" e patrocina, junto com outras empresas, instituições de atendimento social de Capivari-SP.

1ª edição - abril/2020 - 3.000 exemplares

CAPA | Juliano P. Fagundes e Joyce Ferreira
DIAGRAMAÇÃO E PROJETO GRÁFICO | Joyce Ferreira e Marco Melo
REVISÃO | Rubens Toledo

Ficha catalográfica

Fagundes, Juliano P., 1977
Às portas da regeneração / Juliano P. Fagundes - 1ª ed. abr. 2020 - Capivari, SP: Editora EME.
272 p.

ISBN 978-65-5543-002-8

1. Espiritismo. 2. Evolução à luz do espiritismo.
3. Era de regeneração. 4. Destinação do planeta.
I. TÍTULO.

CDD 133.9

Sumário

Agradecimentos

AGRADEÇO PRIMEIRAMENTE A Deus, sem O qual eu não poderia realizar qualquer trabalho e a Jesus, nosso eterno guia moral, com suas inolvidáveis lições de incomparável valor.

Muito obrigado ao irmão César, meu mentor amigo, que sempre me orienta na melhor tomada de decisões.

Obrigado à minha amada esposa Eliane, pelo amor, fé e amizade que dedica a mim e também pelo apurado senso crítico que sempre me salva de elucubrações improfícuas.

Obrigado aos meus filhos, Catarina e Ian que sempre se empolgam com qualquer projeto que eu queira realizar.

Obrigado à minha mãe, Nerilda, que está sempre lá para me apoiar.

Um obrigado especial aos irmãos da Academia Espírita de Letras do Estado de Goiás pela inspiração constante e por sempre me instigarem ao aprofundamento das reflexões resultantes de qualquer estudo.

E um obrigado final à espiritualidade amiga, que nunca nos abandona, sempre paciente frente à nossa inerente teimosia.

Apresentação

APÓS ESCREVER AS obras *Causa e origem de nossos males*, onde resgatei construções psicológicas e comportamentais construídas em nosso passado ancestral e conservadas por nosso espírito através das eras; e *Governador da Terra*[1], onde através de uma série de registros históricos, literários, evangélicos e documentais, construí da maneira mais fiel possível como foi a vida do Jesus histórico e o contexto em que viveu, sobreveio-me a necessidade, após tanto tempo pesquisando e escrevendo sobre o passado, voltar a atenção para o momento atual e, quem sabe, para o futuro.

Mas após ter escrito sobre o Cristo, senti-me um tanto realizado, como se houvesse já cumprido meu papel com a mensagem espírita, afinal, falar do Mestre não seria o ápice de qualquer autor cristão? Mas talvez seja esse o grande entendimento que realmente devemos ter: a mensagem do Cristo é inesgotável a qualquer tempo, tanto em conteúdo quanto em interpretações, tamanha sua riqueza e amplitude. Ainda temos muitas necessidades a serem atendidas, problemas a serem resolvidos, aptidões

1. Ambas publicadas pela Editora EME.

a serem exercitadas, situações a serem interpretadas e aprendizados a serem concluídos, até chegarmos ao entendimento maior.

Mas falar sobre a atualidade dos fatos sob a visão espírita e ainda entrever o futuro de regeneração que se desenha, com base no que está acontecendo na atualidade, se mostrou uma tarefa especialmente árdua e esse até hoje talvez tenha sido o projeto mais desafiador a que me lancei sob o incentivo dos benfeitores amigos, tanto que reconheço que ainda há muito o que ser dito além do que consta nestas breves páginas. De qualquer forma, busquei reunir os dados e discussões mais relevantes para se estudar o processo de regeneração do planeta e os encadeei da maneira mais pedagógica que consegui.

Penso que essa obra, de certa forma encerre uma "trilogia", juntamente com *Causa e origem dos nossos males* e *Governador da Terra* em que trato do passado, presente e futuro moral da humanidade.

Como resultado, apresento nas páginas a seguir, dados e fatos que comprovam que o processo de regeneração já está em ritmo acelerado. E, além disso, os desafios imediatos, a nível mundial, para que esse processo se efetive da melhor maneira possível.

Introdução

VAMOS FALAR DE progresso?

Progresso é uma lei divina[2]; portanto, inevitável e irresistível. E está acontecendo agora, neste exato momento. A Terra já foi um mundo inferior, destinado às primeiras encarnações, onde a existência é totalmente material, as paixões reinam e a vida moral é quase nula. À medida que fomos desenvolvendo o senso moral, a influência material foi diminuindo, e nos tornamos mundo de provas e de expiações, mas ainda um dos mundos intermediários, onde o bem e o mal se misturam. Caminhamos para nos tornar mundo regenerador, onde as almas que ainda têm algo a expiar adquirem novas forças, repousando das fadigas da luta; em um futuro mais distante, mundo feliz, onde o bem supera o mal e, por fim, mundo celeste ou divino, morada de espíritos puros, onde o bem reina absoluto[3].

Então, não adianta sentar em frente à TV e esperar. Como esclarecem os espíritos superiores, não basta não fazer o mal para ser "agradável a Deus" e assegurar uma boa situação futura. É preciso fazer o bem, no limite das próprias forças, pois cada um

2. *O Livro dos Espíritos*, de Allan Kardec, Terceira parte, capítulo 8.
3. *O Evangelho segundo o Espiritismo*, de Allan Kardec, capítulo 3, itens 3 e 4.

responderá por todo o mal que houver ocorrido por causa do bem que deixou de fazer[4].

Por meio de uma extensa pesquisa, a presente obra vem esclarecer alguns pontos fundamentais sobre esse processo que está levando a Terra a cumprir o seu destino.

Há centenas de anos a humanidade vem despertando, todos os dias e perguntando a si mesma, "O que será que nos espera hoje?" E, durante todo esse tempo, a resposta a essa questão não se alterou. Tanto a China do século passado, a Índia medieval e o antigo Egito foram assolados pelos mesmos três problemas principais: fome, pestes e guerra.

Mas, então, adentramos o século XXI e chegamos a uma incrível constatação: nas últimas décadas demos um jeito de controlar a fome, as pestes e as guerras. É claro, esses problemas não foram *ainda* completamente resolvidos, mas, se antes eles eram considerados forças incompreensíveis e incontroláveis da natureza ou até a "vontade de Deus", hoje já sabemos bem o que precisa ser feito para evitá-los - e na grande parte das vezes temos bons resultados. Pela primeira vez na História, hoje morrem mais pessoas que comeram demais do que de menos; mais pessoas morrem de velhice do que de doenças infecciosas; e mais pessoas cometem suicídio do que a soma de todas as mortes de soldados, terroristas e criminosos. Por isso, já podemos perscrutar novos - e promissores - horizontes. Os quatro cavaleiros do Apocalipse, anunciados por João, já passaram, embora ainda possamos ouvir seu galopar se distanciando.

Então vem a questão: num mundo saudável, próspero e harmonioso, o que vai exigir nossa atenção? Quais serão os desafios à nossa inteligência? O que fazer com todo o "poder" que a tecnologia da informação está nos trazendo? Onde devemos

4. *O Livro dos Espíritos*, de Allan Kardec, questão 642.

focar nossos esforços para que nosso mundo evolua até a regeneração? O que acontecerá nesse percurso que demandará nossa atenção emergencial?

Vamos, então, fincar o marco inicial de nossas discussões no início do século XXI, avaliando como estamos hoje, para entender como poderemos estar amanhã. Mas sem esquecer que essa é uma obra espírita. Isto é, dentro de nossas reflexões, tentaremos ser o mais doutrinário possível, entendendo que *progresso é lei* e o pessimismo de quantos duvidarem disso não afetará nossa linha de raciocínio fundamentada em dados reais.

Todos os assuntos sobre o futuro apresentados nesta obra falam de possibilidades que não podem ser confirmadas ou datadas. Allan Kardec era contra as previsões espíritas com data e hora marcadas, por mais "iluminadas" que fossem, pois qualquer mudança, empreendida pelas inteligências espirituais da Terra, que alterasse essas datas, poderia pôr em xeque a credibilidade da doutrina.

André Luiz tem uma mensagem muito interessante chamada "Tratamento e destino", da obra *Busca e acharás,* onde inicia afirmando: "Que o destino pode ser tratado, não há dúvida", e encerra, pontuando: "Faça e você será aquilo que faz". Ou seja, não há destino traçado nem soluções definitivas fora das leis divinas, e a presente obra não pretende bater o martelo sobre nenhuma questão.

Mas, como uma pessoa que observa formigas se movendo sobre um gramado, podemos já, hoje, ver um pouco à frente. Jesus falou muito sobre o futuro em suas bem-aventuranças - assunto abordado em nosso último capítulo - e numa série de profecias que são muito bem avaliadas por Allan Kardec na obra *A Gênese*. Mas uma simples frase, como "Bem-aventurados os mansos e pacíficos, pois herdarão a Terra"[5], possui uma capacidade de síntese sobre o futuro que só um espírito da envergadura do Cristo seria capaz de realizar. E, pelo visto, haverá um mundo para habitarmos e não realizaremos a façanha de destruí-lo.

E, ao invés de estreitar nossos horizontes com a previsão de um cenário único e definitivo, a presente obra visa ampliar nossos horizontes e nos fazer conscientes de um espectro de opções muito mais amplo, trazendo certa atualidade ao pensamento espírita, para que não se congele no tempo.

Mas muitas vezes nem sequer percebemos que uma questão importante está sendo debatida no mundo, pois temos coisas mais urgentes a fazer. Uma mãe solteira lutando para criar dois filhos numa favela no Rio de Janeiro está preocupada com a próxima refeição; refugiados num barco no meio do Mediterrâneo perscrutam o horizonte em busca de qualquer sinal de terra; e um homem que está morrendo num hospital superlotado em Londres reúne todas as forças para respirar mais uma vez. Infelizmente, a História não poupa ninguém, e o futuro da humanidade pode ser decidido em nossa ausência, porque estamos ocupados demais. Entre outras coisas, o espiritismo prevê o protagonismo de seus adeptos, como os próprios espíritos superiores avisam ao Codificador: "Os maus são intrigantes e audaciosos; os bons são tímidos. Quando estes o quiserem, preponderarão"[6].

Nas próximas páginas descobriremos que grandes forças que estão dando forma às sociedades em todo o mundo, e que podem influenciar o futuro do planeta como um todo. E pode ser um futuro muito diferente do que pensamos. Pode ser, em tese, irreconhecível aos olhos imaturos do *homo sapiens* do mundo de expiação e provas. A realidade é formada por muitas tramas e o objetivo dessa obra é estimular a reflexão, envolvendo o espíri-

5. Mateus 5:5.
6. *O Livro dos Espíritos*, de Allan Kardec, questão 932.

ta a tomar parte em algumas das principais conversas de nosso tempo, em nível global.

Talvez o leitor estranhe, ao final de alguns capítulos, que não tenha havido uma conclusão satisfatória para as questões apresentadas. Mas isso não é fruto da inapetência deste singelo autor e acontece devido ao fato de que a própria humanidade ainda não as resolveu. O que significa que ainda podemos, todos, ser parte da solução.

Mas a questão mais abrangente em todos é a mesma: o que está acontecendo no mundo hoje e quais as pedras que encontraremos em nossa caminhada até a era de regeneração. O que poderia estar sendo tratado em todas as casas espíritas no mundo. O mundo, principalmente por estar tão globalizado, exerce uma pressão sobre a conduta e a moralidade das pessoas. Cada um de nós está conectado em numerosas e vastas redes, que ditam nossos movimentos, ao mesmo tempo transmitem esses mesmos movimentos a destinos longínquos. E essa dimensão global de nossa vida pessoal parece exigir que revelemos quais são nossas crenças religiosas, partidarismos políticos, posições quanto às questões de raça e gênero, nosso grau de cumplicidade ao sistema. A todo instante somos cobrados de uma posição. Mas como poderemos achar um terreno ético firme num mundo que se estende muito além de nossos horizontes e que suspeita de todos os deuses e ideologias?

Na introdução de *O Evangelho segundo o Espiritismo*, Allan Kardec afirma que a obra em questão deveria ser considerada pelos espíritas, pelo peso de seu viés moral, como um roteiro infalível para a felicidade vindoura. Ou seja, o espírita nunca deve se achar como um barco à deriva no grande oceano ideológico do século XXI. Onde estamos? O que deveríamos fazer na vida? De que tipos de habilidades necessitamos? Considerando tudo que sabemos e que não sabemos sobre ciência, sobre Deus, sobre política e sobre a fé – o que podemos dizer sobre o sentido da vida hoje? Não podemos ficar esperando indefinidamente o que vai acontecer. O tempo está ficando escasso para a filosofia, para a religião e para a ciência.

Séculos atrás o conhecimento humano aumentava lentamente, e, assim, sociedades mudavam num ritmo também lento. Hoje o conhecimento cresce a uma velocidade vertiginosa, e teoricamente deveríamos compreender o mundo cada vez melhor.

Mas parece acontecer exatamente o contrário. E quanto mais aprendemos, mais rápido mudamos. E assim o progresso da humanidade foi "tomando velocidade" graças ao acúmulo de informações de milhões de anos. Quando desencarnamos, levamos conosco o que aprendemos na Terra; depois retornamos com esse aprendizado e acumulamos mais, e assim sucessivamente. Mas essa dinâmica da vida não nos torna capazes de entender totalmente o presente ou de prever o futuro.

O estudo da História visa acima de tudo nos tornar cientes de possibilidades que talvez não levássemos em consideração. Esquecemos que nosso mundo foi criado numa cadeia de eventos sucessivos e, mesmo nós, fomos construídos sob um acúmulo sucessivo de experiências e aprendizado. É por isso que as populações afrodescendentes rememoram os horrores do tráfico negreiro. E o mundo rememora o holocausto. O objetivo não é perpetuar o passado, e sim libertar-se dele.

Portanto, com a presente obra não temos a intenção de criar polêmicas, mas, sim, trazer certas polêmicas atuais à luz da razão e do debate espírita, alimentando as reflexões decorrentes com dados e fatos que nos auxiliarão na melhor compreensão da atualidade do mundo.

Capítulo 1

O fim da fome

HÁ MILHARES DE anos, a fome tem sido talvez a maior das provações, tanto pelo tempo que sua ação tem sido registrada ao longo da história humana, quanto pelo número de pessoas que afetou nesse período. Até recentemente, a maioria dos seres humanos vivia no limite da linha da pobreza biológica, abaixo da qual as pessoas não resistem à desnutrição. Em nossa História, tanto o "infortúnio"[7] quanto a falta de competência resultaram em grandes populações famintas. Era uma realidade difícil de ser contornada, pois o transporte de provisões era lento, e a importação de comida muito dispendiosa. Além disso, de maneira geral, os governos eram inaptos para resolver essas situações de calamidade.

Como espíritas, é difícil nos desligarmos da França, berço de nossa doutrina e terra natal de Allan Kardec, codificador do espiritismo. Dois séculos antes do nascimento do professor Hyppolite Léon, temperaturas ruins haviam arruinado as colheitas em toda a França, por dois anos consecutivos. Assim, com os celeiros franceses vazios, os ricos passaram a cobrar preços exorbitantes

7. Caracterizamos como "infortúnio coletivo" uma forma de resgate coletivo que aflige grandes comunidades.

por qualquer alimento que conseguissem acumular, e os pobres começaram a morrer em massa.

Quase 43 milhões de franceses morreram de fome entre 1692 e 1694, cerca de 15% da população da época[8]. Mas a catástrofe continuou e, nos três anos seguintes, avançou pela Estônia, Finlândia e Escócia. Algumas regiões chegaram a perder 20% de seus habitantes[9].

Nossos antepassados, ou seja, nós mesmos em encarnações passadas, vivenciamos bem essas provações. Mas, durante os últimos cem anos, a evolução tecnológica, econômica e política criou uma rede de proteção robusta, como sistemas de seguro privados, agências governamentais e ONGs internacionais, que buscam a todo custo afastar a humanidade da linha biológica[10] da pobreza. A rede de comércio internacional é capaz de transformar secas e inundações em oportunidades de negócios, possibilitando superar a escassez de alimentos de modo rápido e barato. Ondas maciças de fome ainda atingem algumas regiões de tempos em tempos, mas são exceções, quase sempre provocadas por políticas humanas imprevidentes - como se vê na Síria, no Sudão ou na Somália - e não tanto por catástrofes naturais.

E embora centenas de milhões de pessoas ainda passem fome quase todos os dias, na maioria dos países o número de mortes por inanição é muito pequeno. Hoje a França ainda possui 6 mi-

---

8. saber.unioeste.br/index.php/temasematizes/article/view/430
9. https://pt.wikipedia.org/wiki/Lista_de_fomes_em_massa
10. Sendo a fome, obviamente, o aspecto mais evidente da pobreza, não é de surpreender que, quanto às exigências da sobrevivência, as considerações biológicas sejam usadas com frequência para definir a linha da pobreza. O procedimento usual é fixar a linha da pobreza com base nos requisitos nutricionais mínimos da dieta - quanto à alimentação - e em algum valor aproximado para a renda gasta nos requisitos mínimos, quanto aos outros itens. Pesquisa abrangente disponível em bibliotecadigital.fgv.br/ojs/index.php/ rbe/article/download/292/6543

lhões de pessoas[11] - cerca de 10% da população - sofrendo de insegurança nutricional[12], ou seja, comem menos do que deveriam.

Analisemos um outro caso: a China, que durante séculos foi assolada pela fome. Mao Tsé-Tung, entre 1958 e 1960, lançou uma campanha conhecida como Grande Salto para a Frente, que pretendia tornar a República Popular da China uma nação desenvolvida e igualitária em tempo recorde, acelerando a coletivização do campo, por meio de uma Reforma Agrária forçada, e a industrialização urbana. Como resultado, dezenas de milhões de chineses morreram de fome durante o desastroso programa[13]; a taxa de mortalidade pulou de 15% para 68%, e a taxa de natalidade despencou.

No entanto, não esqueçamos que estamos falando de um país que se tornou o maior "milagre" econômico da História. Desde 1974, centenas de milhões de chineses foram resgatados da pobreza, e, mesmo que outras centenas de milhões ainda sofram certas privações, incluindo a subnutrição, oficialmente a China está livre da fome.

Quanto ao Brasil, segundo a Organização das Nações Unidas (ONU), estima-se que, em 2017, havia cerca de 5,2 milhões de brasileiros passando fome, o que corresponderia a 2,5% da população[14].

Mas, na verdade, na maioria dos países, o hábito de comer demais tornou-se um problema muito pior que o da fome. Em 1789, devido às más colheitas, Maria Antonieta teria aconselhado aos súditos famintos que, "Se não têm pão, comam brioches"[15]. E em-

---

11. pt.rfi.fr/franca/20180911-fome-no-mundo-pobre-crise-alimentar-numa-Franca-rica
12. Segurança alimentar e nutricional (SAN) é o direito ao acesso regular e permanente a alimentos de qualidade e em quantidade suficiente, não comprometendo outras necessidades essenciais.
13. g1.globo.com/pop-arte/blog/maquina-de-escrever/post/mao-e-o-grande-salto-para-fome-um-catalogo-de-horrores.html
14. exame.abril.com.br/brasil/combate-a-fome-no-brasil-se-estagnou-afirma-onu
15. *A história do mundo em 50 frases*, de Helge Hesse (São Paulo: Leya Brasil, 2014).

bora essa frase nunca tenha sido confirmada documentalmente, parecia profetizar o que viria a acontecer. Em 2014, mais de 2,1 bilhões de pessoas apresentavam excesso de peso em comparação com 850 milhões que sofriam de subnutrição. Prevê-se que metade da humanidade estará, em 2030, com excesso de peso[16]. Enquanto fome e subnutrição combinadas matam cerca de 1 milhão de pessoas ao ano, a obesidade mata quase 3 milhões[17].

No entanto, não há de se negar que a fome sempre esteve à frente como o maior flagelo destruidor da raça humana, e Allan Kardec não deixou de questionar os espíritos superiores sobre essa questão. De maneira bem sucinta as entidades venerandas responderam ao mestre lionês que as tragédias fazem com que a humanidade progrida mais depressa. A destruição é uma necessidade para a nossa regeneração moral, fazendo com que avançássemos em alguns anos o que teria exigido muitos séculos.

No entanto, os espíritos nos alertam para o fato de que o homem, não raro, olvida dos meios disponíveis para se evitar as catástrofes, no que é castigado no seu orgulho, e é quando se revela a sua fraqueza. E por mais que muitas vezes acreditemos que possa haver alguma incongruência nessas tragédias - afinal, sofrem tanto bons quanto maus, tanto crianças quanto criminosos -, os espíritos benfeitores são bem diretos a esse respeito.

Um século na Terra é um relâmpago na eternidade. Os sofrimentos de alguns dias ou alguns meses são nada. Representam um ensino de muita serventia para o futuro. O mundo real é o espiritual, e os corpos, meros disfarces com que o espírito se apresenta ao mundo. Preocupar-nos em demasia com a fome, bem como outras calamidades equivalentes, seria como, em uma guerra, o general se preocupar mais com os uniformes rasgados

16. comunicacaoecrise.com/site/index.php/artigos/802-crise-da-obesidade-ameaca-europa-ate-2030
17. abeso.org.br/noticia/oms-obesidade-mata-28-milhoes-por-ano

e sujos do que com os próprios soldados[18]. Em outra vida, as vítimas das tragédias acharão ampla compensação aos seus sofrimentos, se os tiverem suportado resignadamente.

Os espíritos ainda esclarecem que, seja por uma catástrofe seja por causa biológica, ninguém deixa de morrer na hora certa da partida. A única diferença, no caso de uma tragédia, é que um maior número parte ao mesmo tempo, mas que deveríamos encará-la como passageira tempestade no destino do mundo, sendo inclusive muito útil às gerações vindouras. Esses flagelos são provas que põem o ser humano a exercitar a inteligência, demonstrar sua paciência e resignação à vontade de Deus, despertando nosso íntimo para a abnegação, o desinteresse e o amor ao próximo. Convida-nos ao entendimento da importância da nossa conservação pessoal e desperta-nos para o sentimento da verdadeira caridade para com nossos semelhantes, afastando o egoísmo dominador.

18. *O Livro dos Espíritos*, de Allan Kardec, questão 738a.

Capítulo 2

O fim das doenças

DEPOIS DA FOME, o segundo maior desafio da humanidade foram as doenças de maneira geral, principalmente as infecciosas. As antigas cidades, fervilhando de gente, interligadas por um fluxo incessante de comerciantes, funcionários e peregrinos - resultado da fixação da agricultura como novo formato de vida das populações humanas - eram, há 12 mil anos, ao mesmo tempo, o fundamento da "nova" civilização e o terreno ideal para a proliferação de muitos agentes patogênicos.

Em consequência, vivíamos nossas vidas conscientes de que poderíamos adoecer e morrer em poucos dias, ou que subitamente poderia irromper uma epidemia e destruir toda nossa família numa única investida.

A primeira grande pandemia registrada foi a peste bubônica, em Praga, durante o governo de Justiniano[19], onde se estima terem morrido de 25 a 50 milhões de pessoas no século VI. Mas o mais famoso surto de peste bubônica foi a peste negra que assolou a Europa a partir de 1330. De lá, qual um exército de ratos e pulgas, a peste espalhou-se rapidamente pela Ásia e pelo norte

19. istoe.com.br/tag/praga-de-justiniano/

da África, levando menos de vinte anos para chegar às margens do Oceano Atlântico. Morreram entre 75 milhões e 200 milhões de pessoas — mais de um quarto da população da Eurásia[20].

As autoridades ficaram completamente impotentes diante da calamidade. Como não tinham ideia de como conter a propagação da epidemia, nem como curar os doentes, organizavam orações em massa e procissões. Até a Era Moderna, a culpa pela doença era atribuída ao ar viciado, a demônios malévolos ou a deuses enfurecidos; não se suspeitava da existência de bactérias e de vírus. A terceira e última grande pandemia de peste surgiu no século XIX e matou mais de 12 milhões de pessoas na Índia e China[21].

Mas, por incrível que possa parecer, a peste negra não foi um evento atípico, nem mesmo a pior pandemia registrada na História. Epidemias ainda mais calamitosas assolaram a América, a Austrália e as ilhas do Pacífico logo após a chegada dos conquistadores europeus.

Exploradores e colonizadores, sem saber, trouxeram consigo doenças infecciosas contra as quais os nativos não tinham imunidade. Como resultado, até 90% das populações locais morreram[22]. Em 1520 uma pequena frota espanhola saiu da ilha de Cuba a caminho do México. Um dos escravos, Francisco de Eguía[23], não sabia, mas portava uma carga muito mais mortal do que as centenas de soldados, cavalos e armas de fogo que os navios carregavam: o vírus da varíola. Quando aportou, manifestaram-se os primeiros sinais da doença, e Francisco foi deixado aos cuidados de uma família nativa. Ele infectou os membros da família, que por sua vez infectaram os vizinhos e, em dez dias,

20. https://pt.wikipedia.org/wiki/Peste_negra
21. https://pt.wikipedia.org/wiki/Peste_negra
22. https://pt.wikipedia.org/wiki/Hist%C3%B3ria_demogr%C3%A1fica_dos_povos_ind%C3%ADgenas_das_Am%C3%A9ricas
23. blogs.publico.es/strambotic/2018/10/guerra-biologica-america/

a cidade mais se assemelhava a um cemitério, como uma dessas cidades-fantasma que vemos em filmes. Desesperados, os refugiados espalharam a doença para cidades vizinhas e, à medida que as populações iam sucumbindo à pandemia, novos refugiados iam carregando a doença pelo México e até além.

Quando Francisco de Eguía chegou ao México carregando a varíola, o país abrigava 22 milhões de pessoas; no final do ano apenas 14 milhões ainda estavam vivos. Mas a varíola foi apenas a primeira de muitas outras pestes avassaladoras. Ondas letais de gripe, sarampo e outras doenças infecciosas, uma após outra, varreram o país, até que 60 anos depois sua população foi reduzida a menos de 2 milhões de pessoas[24].

Duzentos anos mais tarde, em 1778, os britânicos chegaram ao Havaí[25]. Essas ilhas eram densamente povoadas por cerca de 500 mil nativos, que viviam isolados da Europa e da América. Em 1853, após terem sido expostos às doenças europeias e americanas, patógenos de gripe, tuberculose e sífilis, e, posteriormente, tifo e varíola, apenas 70 mil tinham sobrevivido[26].

Mas em pleno século XX, as epidemias continuaram a matar dezenas de milhões de pessoas. Em 1918, soldados entrincheirados no Norte da França começaram a morrer aos milhares de um tipo especial de gripe, a gripe espanhola, primeira epidemia causada pelo influezavírus H1N1. Na excelente logística de suprimento para o *front*, soldados e munições vinham da Grã-Bretanha, dos Estados Unidos, da Índia e da Austrália. O petróleo chegava do Oriente Médio, grãos e carne eram trazidos da Argentina; a borracha vinha da Malásia, e o cobre, do Congo.

O vírus aproveitou-se dessa eficiente rede e todos receberam

24. https://pt.wikipedia.org/wiki/Hist%C3%B3ria_demogr%C3%A1fica_dos_povos_ind%C3%ADgenas_das_Am%C3%A9ricas
25. https://pt.wikipedia.org/wiki/Hava%C3%AD
26. *Homo Deus*, de Yuval Noah Harari, Armadas Invisíveis.

a gripe espanhola. Em poucos meses, 500 milhões de pessoas - um terço da população global - foram infectadas com o vírus e milhões de vidas ceifadas em locais incrivelmente distantes uns dos outros, pela mesma pandemia, como na Índia, no Taiti, em Samoa e nas minas de cobre do Congo. Enquanto a Primeira Guerra Mundial matou 8 milhões, de 1914 a 1918, a pandemia matou entre 50 milhões e 100 milhões de pessoas em menos de um ano[27].

E, nos últimos anos, uma combinação dupla de aumento populacional e meios de transporte altamente eficientes formam uma rede ainda mais eficaz para a proliferação de agentes patógenos. Qualquer metrópole moderna possui a melhor rede de transporte de infecções jamais vista na História, e um vírus espanhol pode chegar à África em menos de 24 horas. No entanto, a incidência das epidemias tem caído vertiginosamente. A mortalidade infantil global nunca foi tão baixa, e menos de 5% das crianças morrem antes de chegar à idade adulta[28].

Esses números otimistas se devem às conquistas inovadoras da medicina no século XX, que, com higiene e boa infraestrutura médica, nos provê de vacinas e antibióticos.

Em 1979, por exemplo, houve uma campanha global de vacinação antivariólica tão bem-sucedida que a Organização Mundial da Saúde (OMS) declarou que a humanidade tinha vencido a varíola[29]. Foi a primeira epidemia que conseguimos varrer da face da Terra. Se, em 1967, a varíola conseguiu infectar 15 milhões de pessoas - matando 2 milhões -, hoje não se sabe de ninguém infectado por essa doença.

Mas todo esse progresso imunológico não impede que de

27. https://pt.wikipedia.org/wiki/Gripe_espanhola_de_1918
28. comunicacao.mppr.mp.br/2017/10/12801/MORTALIDADE-INFANTIL-Novo-relatorio-da-ONU-analisa-a-saude-infantil.html
29. https://pt.wikipedia.org/wiki/Var%C3%ADola

tempos em tempos fiquemos alarmados com a irrupção de uma nova "praga" potencial, como a gripe aviária, em 2005; a gripe suína, em 2009, o ebola, em 2014, o novo coronavírus em 2020 ou a dengue, uma doença reemergente que se tornou pandemia nas últimas décadas. Considerada erradicada no Brasil na década de 1950, retornou com força e, desde então, irritantemente nos persegue, e cada pessoa no País conhece ao menos outro brasileiro que já tenha sido infectado.

Mas, graças a contramedidas eficientes, todos esses incidentes resultaram, até agora, num pequeno número de vítimas em comparação com outras epidemias do passado.

E o ebola? Em 2014 a OMS descreveu essa epidemia como "a mais grave emergência na saúde pública vista em tempos modernos"[30]. Contudo, após um pico de 30 mil pessoas infectadas e 11 mil mortos, o ebola não atravessou as fronteiras africanas. E a única epidemia que gerou no mundo foi a de ansiedade. No início de 2016 a OMS declarou a doença erradicada.

A COVID-19, doença do trato respiratório causada pelo novo coronavírus, causou milhares de mortes, ultrapassando os 6 dígitos[31], em mais de 200 países e territórios. Números impressionantes para as últimas décadas e que alarmaram imensamente o mundo devido ao contágio incrivelmente rápido. Mas, embora não se possa prever, é difícil imaginar que tal infecção, em algum momento, promova um número de mortos que chegue a nove dígitos, como os registrados nas piores epidemias históricas. O que podemos afirmar, com certeza, é que o novo coronavírus deixou o mundo mais atento e preparado para possíveis futuras novas epidemias.

---

30. https://agenciabrasil.ebc.com.br/internacional/noticia/2014-08/oms-epidemia-de-ebola-e-emergencia-de-saude-publica-mundial
31. arcgis.com/apps/opsdashboard/index.html#/bda7594740fd40299423467b48e9ecf6

Talvez a coisa mais importante que as pessoas devam perceber sobre essas epidemias é que a disseminação delas, em qualquer país, põe em perigo toda a espécie humana. Isso ocorre porque os vírus evoluem. Vírus como o corona se originam em animais, como os morcegos. Quando eles passam para os seres humanos, inicialmente os vírus estão mal adaptados aos novos hospedeiros. Enquanto se replicam em humanos, eles ocasionalmente sofrem mutações. A maioria das mutações é inofensiva, mas, de vez em quando, uma mutação torna o vírus mais infeccioso ou mais resistente ao sistema imunológico humano – e essa cepa mutante do vírus se espalha rapidamente na população humana.

Mas, apesar de nos assustarmos com o número de mortos, infectados e a possibilidade de contágio, historicamente o COVID-19 ainda está longe de constar em qualquer pódio histórico de pandemias ou doenças infecciosas.

E o que dizer da tragédia da aids, aparentemente o maior fracasso da medicina nas últimas décadas? Desde sua identificação, na década de 1980, mais de 30 milhões de pessoas morreram em consequência do vírus e dezenas de milhões sofreram com debilitações físicas diversas e danos psicológicos. Um paciente portador do HIV (soropositivo) pode parecer perfeitamente saudável por anos, enquanto dissemina o vírus sem o saber. Além disso, o vírus não mata diretamente. Primeiro, destrói o sistema imunológico silenciosamente e, em decorrência, expõe o paciente a inúmeras outras doenças, como a pneumonia, por exemplo.

Assim, quando essa síndrome começou a se espalhar, foi especialmente difícil compreender o que estava acontecendo. No entanto, em apenas dois anos o vírus foi identificado e compreendido pela comunidade médica; e os primeiros meios de desacelerar a epidemia surgiram. Hoje a aids não é mais uma sentença de morte, mas considerada uma condição crônica controlável, pelo menos na grande parte dos casos.

Atualmente a imensa maioria das pessoas morre de enfermidades não infecciosas, como o câncer e doenças cardiovasculares, ou simplesmente de velhice[32]. Sobre isso os dados são dos mais interessantes. Existe uma percepção geral de que o câncer, as doenças cardiovasculares e outras, como o diabetes, são enfermidades "modernas". Na verdade, elas sempre existiram. O que acontece é que, no passado, era relativamente reduzido o número de pessoas que viviam tempo bastante para morrer por causa delas, já que a expectativa média de vida mal excedia os 40 anos.

Embora saibamos que pragas ainda acontecem em larga escala, nossa própria história nos mostra que temos conseguido nos proteger cada vez mais contra novos surtos globais, de modo que sua incidência é cada vez menor e causando muito menos mortes do que nos séculos passados. Ano após ano os médicos acumulam mais e melhores conhecimentos, que utilizam para conceber e projetar medicamentos e tratamentos cada vez mais eficazes.

Alguns laboratórios de pesquisa já trabalham com nanorrobôs, que um dia poderão navegar a corrente sanguínea, identificar doenças e eliminar patógenos e células cancerosas[33]. Daqui para frente qualquer pandemia emergente não será mais considerada um desastre natural ou castigo divino, mas incompetência humana: Walter Ricciardi, membro da Organização Mundial da Saúde (OMS) e conselheiro do governo italiano, admitiu que foi difícil organizar as respostas contra o coronavírus em nível regional e nos EUA, o médico Anthony Fauci, chefe do Instituto Nacional de Alergias e Doenças Infecciosas, admitiu que: "O

32. Velhice nunca consta como causa de morte em estatísticas oficiais. Em vez disso, quando um idoso sucumbe a uma enfermidade, essa determinada moléstia é registrada como a causa do falecimento. Por isso, oficialmente as doenças infecciosas ainda são tidas como causadoras de mais de 20% das mortes.
33. canaltech.com.br/inovacao/cientistas-desenvolvem-nanorrobos-capazes-de-reduzir-tumores-e-combater-o-cancer-108474/

sistema não está realmente orientado ao que precisamos neste momento. É um fracasso. Vamos admiti-lo".[34]

A benfeitora Joanna de Ângelis, na obra *Após a tempestade*, psicografada por Divaldo Pereira Franco, no capítulo Poluição e psicosfera nos dá uma dica sobre como a humanidade tem criado um ambiente favorável para o surgimento de enfermidades avassaladoras:

> Estando a Terra vitimada pelo entrechoque de vibrações, ondas e mentes em desalinho, como decorrência do desamor, das ambições desenfreadas, dos ódios sistemáticos, as funestas consequências se fazem presentes não apenas nas guerras externas e destrutivas, mas também nas rudes batalhas no lar, na família, no trabalho, nas ruas da comunidade, no comportamento. Intoxicado pela ira, vencido pelo desespero que agasalha, foge na direção dos prazeres selvagens nos quais procura relaxar tensões, adquirindo mais altas cargas de desequilíbrio em que se debate. A poluição mental campeia livre, favorecendo o desbordar daquela de natureza moral, fator primacial para as outras que são visíveis e assustadoras.

Em 1939, os integrantes do Grupo Espírita Luiz Gonzaga, de Pedro Leopoldo, em Minas Gerais, questionaram Emmanuel[35] sobre a possibilidade de as entidades espirituais revelarem à Humanidade os processos de cura da hanseníase[36] e do câncer[37].

Pacientemente o venerável mentor de Chico Xavier explicou que, na verdade, na própria natureza da Terra e na organização

34. veja.abril.com.br/mundo/como-a-italia-se-tornou-o-segundo-pais-mais-afetado--pelo-coronavirus/
35. *O Consolador*, do espírito Emmanuel, psicografado por Francisco Cândido Xavier.
36. Lepra, no texto original.
37. Questão 101.

de fluidos inerentes ao planeta já residiam todos esses recursos de cura, embora ainda não apreendidos pela ciência. No entanto, um outro recurso também carregava um efeito curador muito mais potente e duradouro: o fim do orgulho e do personalismo.

Uma das características dos espíritos superiores é essa qualidade de falar pouco e ao mesmo tempo dizer muito. Ou, ainda, esse extraordinário poder de síntese filosófica, que escapa à maioria dos seres humanos. Vide o exemplo máximo de certas frases de impacto proferida por Jesus, como "Dai, pois, a César o que é de César, e a Deus o que é de Deus"[38], ou "Nem só de pão viverá o homem..."[39], sobre as quais poderíamos escrever inúmeros compêndios sobre a abrangência de seus vastos significados.

O ponto de vista que Emmanuel traz é dos mais desconcertantes, sobretudo para nós, que ainda carregamos alta carga de incredulidade: poderíamos acabar com as doenças crônicas, as enfermidades consideradas vulgarmente como as mais cruéis e dolorosas, em poucas gerações, bastando, para isso, "apenas" modificar nossa conduta moral.

Cientificamente falando, as palavras de Emmanuel são surpreendentes. Do ponto de vista biológico, a afirmativa sugere que o DNA da raça humana[40] poderia passar por um processo evolutivo radical, gerando seres geneticamente mais resistentes e duradouros. Ora, a cura física passaria, então, pela cura moral, como lados de uma moeda psicogenética[41]. Antropologicamente, com o afastamento de um sem-número de mazelas físicas, o quanto poderíamos progredir como espécie formada por indivíduos portadores de saúde plena, podendo investir todo seu po-

38. Mateus 22:21.
39. Mateus 4:4.
40. Ácido Desoxirribonucleico.
41. Teoria foi elaborada pelo psicólogo suíço Jean Piaget a partir da década de 1930.

tencial físico e intelectual em inúmeras áreas do conhecimento, sem os grilhões da fragilidade e da depreciação orgânica?

Quando o ebola se alastrou, choveram acusações às autoridades africanas, à OMS e à comunidade internacional. Reclamava-se da falta de uma reação rápida e de ações mais eficientes para se conter o problema. Essas críticas surgiram da ideia de que já dispomos do conhecimento e dos instrumentos de controle e prevenção. Da mesma forma, o fato de a aids ter se espalhado mortalmente na África subsaariana é corretamente considerado um resultado de sucessivas falhas humanas, e não de um destino cruel. Quando os humanos brigam, os vírus se fortalecem. Por outro lado, se a epidemia resultar em uma cooperação global mais estreita, será uma vitória não apenas contra o ebola ou o coronavírus, mas contra todas as doenças futuras.

A era na qual a humanidade se via impotente diante de epidemias naturais provavelmente chegou ao fim, e o que pontuamos a respeito das grandes calamidades no capítulo anterior valem para esse capítulo também; afinal, assim como a fome, a peste já mostrou ser capaz de se alastrar, arrastando milhões para o sofrimento e a morte, ferramenta motivacional para os seres humanos buscarem o progresso e a fraternidade.

Capítulo 3

O fim das guerras

NO DECORRER DA História, para a maioria de nós, a guerra era uma certeza, enquanto a paz era usufruto momentâneo e frágil. Jamais teríamos compreendido as doze leis morais[42] trazidas pelos espíritos, pois, para nós, só existia a "lei da selva", numa perspectiva darwiniana da existência.

Quando políticos, generais, homens de negócio e cidadãos comuns faziam planos para o futuro, sempre deixavam em aberto a possibilidade de uma guerra, da mesma forma como nós condicionamos um passeio "caso não chova". Da Idade da Pedra, há poucos séculos, nos quatro cantos da Terra, cada um de nós sabia que, a qualquer momento, nossos vizinhos poderiam invadir nosso território, derrotar nosso exército, chacinar nosso povo e ocupar nossa terra.

Mas à medida que o século XX foi avançando, na maior parte das regiões, as guerras tornaram-se raras. Enquanto nas antigas sociedades agrícolas a violência humana foi a causa de 15% de todas as mortes, atualmente é a responsável por apenas 1% da mortalidade global[43].

42. *O Livro dos Espíritos*, de Allan Kardec, Terceira parte.
43. *War in Human Civilization*, de Azar Gat (Oxford: Oxford University Press, 2006).

Em 2012, aproximadamente 56 milhões de pessoas morreram no mundo inteiro; 620 mil em razão da violência humana, sendo que guerras mataram 120 mil pessoas, e o crime matou outras 500 mil. Em contrapartida, 800 mil cometeram suicídio e 1,5 milhão morreu de diabetes[44]. Segundo dados da OMS[45], acidentes de trânsito mataram cerca de 1,5 milhão de pessoas[46] em 2018, enquanto o açúcar – ou o excesso de glicose no sangue – mais de 3 milhões[47]. Um carro de passeio carregando uma família pode ser mais perigoso do que um carro-bomba. Um bolo de chocolate é mais mortal do que Antrax. Então, por que temer o terrorismo mais do que o açúcar?

Estamos vivendo o momento histórico em que o açúcar é considerado mais perigoso do que a pólvora. Na verdade, para um segmento cada vez maior da humanidade, a guerra se tornou inconcebível. Pela primeira vez na História, quando avaliamos o futuro, não pensamos na guerra como um acontecimento provável. A possibilidade do uso de armas nucleares num confronto transformou a ideia da guerra num ato insano de suicídio coletivo e isso forçou as nações da Terra a encontrar meios alternativos e pacíficos de resolver conflitos.

Simultaneamente, nas questões econômicas, as premissas materiais passaram a perder cada vez mais espaço para o conhecimento. Antes, as principais fontes de riqueza eram os recursos materiais, como minas de ouro, campos de trigo e poços de petróleo. Hoje, a principal fonte de riqueza é o conhecimento. E isso é um sinal importante que indica um movimento de progresso da Terra na hierarquia dos mundos

---

44. apps.who.int/gho/data/node.main.RCODWORLD? lang=em
unodc.org/documents/gsh/pdfs/2014_GLOBAL_HOMICIDE_BOOK_web.pdf
who.int/healthinfo/global_burden_disease/estimates/en/index1.html
45. Organização Mundial da Saúde.
46. g1.globo.com/carros/noticia/2018/12/07/oms-divulga-relatorio-sobre-mortes-no-transito-e-sugere-reducao-de-velocidade-em-areas-urbanas.ghtml
47. www1.folha.uol.com.br/folha/ciencia/ult306u15494.shtml

As nações podem conquistar poços de petróleo numa invasão, mas não se pode conquistar conhecimento dessa maneira. Desde que o conhecimento se tornou o mais importante recurso econômico, a rentabilidade da guerra declinou, e as conflagrações tornaram-se cada vez mais restritas a certas regiões do mundo - como o Oriente Médio e a África Central - onde as economias ainda são antiquadas, baseadas em recursos materiais. Um exemplo é Ruanda, que invadiu as minas de coltan (mistura de dois minerais: a columbita e a tantalita, da qual se extrai o Nióbio), no Congo, em busca de um negócio de 250 milhões de dólares - uma fortuna incalculável para esse pobre país -, devido à grande demanda por esse mineral metálico para a fabricação de *smartphones* e *laptops*, já que o Congo concentra quase 80% das reservas mundiais dessa liga mineral.[48]

Já a China, para ter acesso a um produto de alta rentabilidade, não precisou tomar o Vale do Silício, invadindo a Califórnia. Em vez disso, os chineses ganharam bilhões de dólares como fruto de sua parceria com grandes empresas da tecnologia de ponta, como Apple, Microsoft e Google, comprando os softwares dessas empresas e fabricando seus produtos. Um comércio honesto, pacífico e ordenado.

Atualmente a palavra *paz* tem um significado diferente do que no passado. Em gerações anteriores - ou reencarnações anteriores -, aprendemos a ver a paz como a consequência temporária da guerra, algo como "hoje há paz, amanhã não se sabe". Mas nos dias atuais a entendemos como a impossibilidade da guerra. Hoje sabemos ser quase impossível, por exemplo, que dois países europeus se enfrentem numa guerra armada. Mesmo que as rixas futebolísticas entre Brasil e Argentina nunca se resolvam, nenhum habitante ou governo desses dois países pensa em invadir o outro, muito menos espera ser invadido.

48. brasil.elpais.com/brasil/2016/02/19/internacional/1455896992_924219.html

E o próprio comércio internacional, na forma da globalização de produtos e serviços, vem em defesa da paz. Grande parte das pessoas do mundo tem acesso ao mesmo tipo de produtos e serviços, e a tendência é que *todas* as pessoas tenham esse acesso garantido. Uma guerra em larga escala inviabilizaria grandes mercados. A Coca-Cola, por exemplo, não é uma gigante mundial por causa de uma formulação excepcional; a fórmula do refrigerante em si é ridícula do ponto de vista químico. A Coca-Cola possui, acima de tudo, uma das melhores logísticas do mundo. Pode-se encontrar uma *Coke* em quase qualquer lugar – e com o nome grafado no idioma local. E isso é o resultado da globalização.

Vamos, então, complicar um pouco mais nosso assunto. E quanto ao terrorismo?

Os terroristas parecem ser um tipo de gente que não tem escrúpulos quanto a usar armas novas e destruidoras, e essa é uma possibilidade preocupante. Em suma, o terrorismo é um subterfúgio adotado por aqueles que, de fato, desejam o poder, embora efetivamente não o tenham e, ao menos, historicamente falando, suas ações sempre resultaram mais na disseminação do medo do que na causa de danos materiais significativos.

Terroristas normalmente não têm o poder de derrotar qualquer exército, de ocupar um país ou de destruir cidades inteiras. Mas isso não os impede de causar alguma tragédia e disseminar o pânico vez ou outra. Na essência, o terrorismo é uma provocação e, como consequência, os governos reagem, perseguindo populações inteiras ou invadindo países estrangeiros.

A média anual de mortes por ataques terroristas vem decrescendo – assim como as guerras –, como anunciado pelos espíritos na lei do progresso, contida na terceira parte de *O Livro dos Espíritos*. Em 2018 foram contabilizados, em nível mundial, 13.483 mortos em ataques terroristas. Um quarto menos que em 2017.

Cerca de um terço das vítimas fatais vivia no Afeganistão, onde os ataques não estão nem perto de serem os mais frequentes, mas são os mais eficientes - e mortais - no mundo todo[49].

Hoje, é cada vez mais difícil que focos de conflitos se mantenham "isolados", sem a interferência internacional a favor de uma rápida pacificação.

Em consulta aos espíritos superiores[50], o Codificador recebeu como orientação que a predominância da natureza animal sobre a natureza espiritual, deixando transbordar as paixões, leva o homem a esses conflitos armados tão severos. Uma barbárie que só reconhece o direito do mais forte acha o estado de guerra normal.

Explicaram ainda que a redução das guerras é um sinal claro de progresso e, mesmo quando ocorrem, são menos desumanas, e que a tendência natural é que venham a desaparecer, como observamos na análise dos fatos, pois nos elevamos na compreensão da justiça e na prática das leis divinas. Mas, infelizmente, apenas no calor das batalhas e da escravidão é que pudemos entender o valor da liberdade e do progresso. Ainda serão necessárias muitas encarnações para que os culpados por esses conflitos globais expiem todos os assassinatos que causaram.

O grande número de mortos por causa de acidentes de carro e o consumo de açúcar não atinge diretamente o governo, por isso uma abordagem mais suave do que em relação ao terrorismo. Já os casos de terrorismo, com muito menos mortes, são uma ameaça mortal à nação, pois são uma reação ao próprio governo.

Mas como era o mundo no passado? O terrorismo realmente é um fenômeno da modernidade. Na Idade Média, a esfera pública estava cheia de violência política. De fato, a capacidade

49. veja.abril.com.br/mundo/2018-registrou-numero-mais-baixo-de-ataques-terroristas-em-7-anos/
50. *O Livro dos Espíritos*, de Allan Kardec, Questões 742 a 745.

de usar violência era o passaporte para o universo da política e quem quisesse arriscar-se precisava ser mortalmente proativo. Inúmeras famílias nobres, assim como cidades, guildas, igrejas e mosteiros, mantinham forças armadas e não raro recorriam às armas para resolver a questão.

O terrorismo não tinha lugar num mundo assim. Quem não fosse forte o bastante para causar danos materiais substanciais era irrelevante. Durante a era moderna, as nações aos poucos reduziram o nível da violência política dentro de seus territórios, e nas décadas recentes países ocidentais conseguiram erradicá-la quase por completo. Os cidadãos ocidentais conseguem controlar cidades e corporações sem precisar de qualquer força armada.

No entanto, qualquer ato de violência esporádico, que mate algumas dezenas de pessoas, é visto como uma ameaça mortal à sobrevivência do Estado. É por isso que o terrorismo é tão bem-sucedido. E quanto mais pacífica e civilizada for uma nação, mais se chocará com qualquer ato violento. Matar algumas pessoas na Suíça chama mais a atenção do que matar dezenas no Brasil.

Os terroristas matam cem pessoas - e fazem com que 100 milhões imaginem haver um assassino à espreita atrás de cada árvore. O terror interno dentro de cada pessoa incita a mídia a transformá-lo numa ameaça constante. Da mesma forma, leva governos a reagirem com exagero. Devemos entender que nessas questões a *lei de causa e efeito* (no sentido moral) é válida e que nada acontece por obra do acaso.

O espírito Joanna de Ângelis, no entanto, esclarece que até nos piores cenários as guerras servem, de alguma forma, ao progresso:

> A guerra, não obstante açodar os mais vis sentimentos de selvageria nos grandes grupos, inspira ao sacrifício da vida

> os que amam, proporcionando a manifestação nobilitante dos heróis da renúncia e da abnegação, que mergulham nos laboratórios de pesquisas e experiências a fim de encontrarem soluções para os problemas afligentes, produzindo revoluções novas na tecnologia em tempo recorde, considerando o estímulo para apressar o fim das animosidades e socorrer as vítimas inermes colhidas no fragor das batalhas ferozes...[51].

Nosso intuito com esse capítulo não é minimizar a problemática das guerras ou do terrorismo, mas apenas esclarecer aos pessimistas que, numa escala global, esses horrores estão com os dias contados, e, mesmo hoje, o impacto que exercem no mundo é muito menor do que tanto se alardeia. O espírita precisa estar atento às notícias para que não seja arrastado por uma torrente de sensacionalismo que lhe afete o entendimento sobre o que espiritismo vem ensinando desde a codificação: a impossibilidade de a violência tomar conta do mundo e a vida piorar. Mas nem precisamos necessariamente dos estudos doutrinários para chegar a essa conclusão. Basta que tenhamos em mãos um bom livro de história.

---

51. *Após a tempestade*, de Joanna de Ângelis, psicografado por Divaldo Pereira Franco, capítulo 19.

Capítulo 4

Encontro de civilizações

O SISTEMA DE conexões que uniu bandos isolados de *homo sapiens* em uma verdadeira humanidade *sapiens* passou por quatro estágios principais.

O primeiro estágio, com a Revolução Cognitiva, há cerca de 200 mil anos, permitiu unir ilimitadas pessoas em uma única população, uma vantagem crucial sobre as outras espécies, que os humanos usaram "invadir" o mundo inteiro, processo detalhado por André Luiz na obra *Evolução em dois mundos*[52], onde explica o processo de implementação do mecanismo da comunicação nos organismos dos seres humanos primitivos.

E no que os seres humanos se espalharam por diferentes regiões, perderam o contato entre si e passaram por transformações culturais diversas. Na Europa vive-se de maneira muito diferente que na China ou em Madagascar e seus habitantes nem se parecem fisicamente.

O segundo estágio começou com a Revolução Agrícola[53], há cerca de 12 mil anos. A agricultura acelerou o crescimento demográfico, e foi o marco decisivo para a Terra dar um largo pas-

52. Capítulo 10, Palavra e responsabilidade.
53. Cerca de 12 mil anos.

so rumo à sua destinação, permitindo a um número ilimitado de espíritos reencarnar, gerando comunidades densas que continham um número inédito de indivíduos. A agricultura criou incentivos e oportunidades para diferentes grupos negociarem e se comunicarem.

Mas a ideia de unificar o gênero humano não existia nem mesmo como uma fantasia e cada sociedade desenvolveu uma visão de mundo particular onde se colocavam como o centro da Terra, como os hebreus, e posteriormente os judeus, que se consideravam o "povo de Deus". O mundo era formado pelo "povo de Deus" e o resto.

O terceiro estágio veio com a invenção da escrita e do dinheiro, há cerca de 5 mil anos e durou até o início da Revolução Científica. Graças à escrita e ao dinheiro, a cooperação humana finalmente se sobrepôs às forças dispersivas e formaram-se cidades e reinos. Também se estreitaram as conexões políticas e comerciais entre diferentes cidades e reinos. Por volta de mil anos antes de Cristo, surgiu a cunhagem de moedas e já havia os impérios e grandes religiões. Os humanos começaram a sonhar com uma sociedade única que abrangesse o Globo.

Emmanuel, na obra *A caminho da luz,* esclarece que o império romano foi uma tentativa empreendida pelas inteligências desencarnadas de unir os povos em torno de uma mesma bandeira, um embrião de um governo global – e futuramente cristão –, mas que, infelizmente, devido à ambição, à corrupção e à imoralidade humana, acabou sucumbindo ao peso de seus próprios abusos. Roma, realmente, tornou-se um império cristão, mas, infelizmente, turbulento e confuso.

Mas esse sonho está em vias de se tornar realidade durante o quarto estágio da História, no qual ainda estamos, que começou por volta de 1492, com os navegadores, exploradores, conquistadores e comerciantes, que teceram os primeiros e finos fios que passaram a interligar o mundo inteiro em uma grande rede. Colombo conectou pela primeira vez os fios eurasianos com os fios americanos e, com o passar dos anos, o livre mercado, a comunidade científica, a força das leis e a ampliação da democracia ajudaram a abrir fronteiras. Hoje, nossas despensas estão abarrotadas de trigo do Oriente Médio, batatas dos Andes, açúcar da Nova Guiné e café etíope.

Similarmente, nossa língua, religião, música e política estão repletas de relíquias advindas de todas as partes do planeta. O cristianismo veio do Oriente Médio; o espiritismo, da França. A mescla de princípios das duas religiões e mais uma série de tradições africanas e indígenas brasileiras originou a umbanda.

Em 1993, o cientista político Samuel P. Huntington formulou uma polêmica teoria: Choque de Civilizações, que, três anos depois, se tornou o livro *The crash of civilizations and the remaking of world order*. A tese tem uma base antropológica sólida, numa perspectiva darwinista de que, assim como na natureza espécies diferentes lutam pela sobrevivência de acordo com as impiedosas leis da seleção natural, ao longo da história, civilizações irreconciliáveis têm entrado em choque repetidamente, e apenas a mais bem preparada sobreviveu.

E a tese se tornou tão amplamente difundida que nem a percebemos. Por exemplo: existe uma ideia de que toda tentativa de reconciliar o Ocidente com o mundo muçulmano está condenada ao fracasso. E, embora saibamos que existem muçulmanos vivendo no Ocidente e ocidentais vivendo no Oriente Médio, basicamente as duas culturas seriam como água e óleo.

Mas essa tese não é verdadeira. Grupos humanos são fundamentalmente diferentes de espécies animais, e conflitos históricos diferem em muito de processos de seleção natural. Por questões genéticas chimpanzés não são capazes de adotar a estrutura social dos gorilas; gorilas não são capazes de se organizar como chimpanzés, mas grupos humanos têm sistemas sociais distintos, que não são determinados geneticamente, e quase nunca duram mais que alguns séculos. O Brasil já foi uma colônia portuguesa, uma monarquia, uma ditadura militar e hoje é uma democracia, e passou por todos esses sistemas em poucos séculos. Que dirá a Alemanha, que, apenas no século XX, foi do Império à República, passou pelo Terceiro Reich, República Democrática (Oriental), República Federal (Ocidental) e, finalmente, chegou à Alemanha reunificada, que é democrática!

As tribos humanas tendem a se aglutinar com o tempo, formando grupos cada vez maiores. Os alemães modernos surgiram da fusão de saxões, prussianos, suábios e bávaros, que não faz muito tempo não tinham muito amor uns pelos outros. O povo brasileiro é, basicamente, uma fusão de portugueses, espanhóis, alemães, holandeses, africanos e índios. Os franceses surgiram da fusão de francos, normandos, bretões, gascões e provençais. Enquanto isso, no outro lado do canal, ingleses, escoceses, galeses e irlandeses aos poucos foram se agregando para formar os britânicos. Num futuro não muito distante, alemães, franceses e britânicos ainda podem se fundir em um outro tipo europeu. Os brasileiros ainda estão se misturando. Atualmente ainda conseguimos discernir a herança genética de grande parte dos brasileiros, mas daqui a algumas centenas ou milhares de anos - lembremos que os europeus ou os palestinos estão se fundindo há milênios - existe a grande possibilidade de que tenhamos um povo bem homogêneo e denominações como *calunga* ou *yanomami* estarão relegadas aos livros de História, da mesma forma que hoje não se fala em *viking*, bárbaro ou normando.

Emmanuel, em 1938, na obra *A caminho da luz*, obra psicografada por Francisco Cândido Xavier, trouxe a ideia de que a Espiritualidade Maior vem de longa data, amadurecendo processos de unificação da sociedade humana e hoje se percebe que a informação era bem racional e fundamentada.

E no mundo do início do século XXI pessoas em todo o mundo não só estão em contato umas com as outras como também compartilham cada vez mais crenças e práticas idênticas. Mil anos atrás, a Terra era terreno fértil para dezenas de modelos políticos diferentes. Na Europa era possível encontrar principados feudais competindo com cidades-estados independentes e minúsculas teocracias. O mundo muçulmano tinha seu califado, que reivindicava soberania universal, mas também passou pelas experiências de reinos, sultanatos e emirados. Os impérios chineses acreditavam ser a única entidade política legítima, enquanto as confederações tribais a norte e a oeste lutavam entre si jubilosamente. A Índia e o Sudeste da Ásia continham um caleidoscópio de regimes, enquanto os regimes políticos na América, África e Australásia iam desde pequenos bandos de caçadores-coletores até extensos impérios. Nós cristãos custamos a entender as rixas presentes no Novo Testamento entre fariseus, saduceus, samaritanos e um sem-número de outras denominações presentes na antiga Palestina dominada por Roma.

Hoje, em contraste, um único paradigma político é aceito em toda parte. O planeta está dividido em cerca de duzentos Estados soberanos, que geralmente concordam com os mesmos protocolos diplomáticos e leis internacionais comuns. Quando se fala em Direitos Humanos, todos os países entendem mais ou menos a mesma coisa.

E é curioso como essas práticas internacionais estão se tornando um caminho óbvio, quase impossível de ser "reinventado". Estamos vendo surgir uma espécie de paradigma em que os países bem-sucedidos são todos parecidos. Mas em cada Estado "em crise" parece faltar algo do modelo político dominante, como o Estado Islâmico, que vem falhando ao estabelecer um tipo diferente de entidade política - um califado universal. Temas como esse parecem nos mostrar que, por trás dos bastidores da política mundial, há uma inteligência espiritual suprema trabalhando incessantemente, definindo metas e procedimentos.

Observemos os Jogos Olímpicos de 2016 no Rio. Os 11 mil atletas estavam agrupados em delegações por nacionalidade e não por religião, classe ou língua. Na cerimônia de abertura os atletas marcharam em grupos, portando sua bandeira nacional. Sempre que um atleta ganhava uma medalha, a bandeira de seu país era erguida ao som do hino nacional próprio.

Indo um pouco mais fundo, todos os hinos do mundo parecem seguir um mesmo modelo universal. Quase todos são peças orquestrais - não muito geniais - com alguns minutos de duração, e até mesmo as letras são bem próximas, como se fossem de um mesmo compositor. As bandeiras nacionais exibem a mesma conformidade geométrica. Uma pessoa daltônica dificilmente seria capaz de dizer qual é a diferença entre várias das bandeiras do mundo.

Recuemos agora mil anos. Suponhamos que quiséssemos realizar os Jogos Olímpicos Medievais na França, em 1016. Nem todos seriam capazes de concordar com as mesmas regras para uma corrida. O Império Chinês não reconheceria nenhuma entidade política na Terra como sua igual - sem falar das delegações de bárbaros primitivos de além-mar. O Deserto da Arábia estava cheio de tribos beduínas livres, que não reconheciam um soberano além de Alá. Estaria cada uma autorizada a enviar uma delegação independente para competir em tiro com arco ou corrida de camelos?

Muitas dessas entidades políticas apareceram e desapareceram numa questão de anos. E após a competição de 1016, enquanto você estivesse preparando os Jogos Olímpicos de 1020, não poderia saber antecipadamente quais delegações iriam se apresentar, porque ninguém podia ter certeza de que entidades políticas ainda existiriam dali a quatro anos. Se o reino da Inglaterra tivesse enviado uma delegação aos Jogos de 1016, quando os atletas voltassem para casa com suas medalhas descobririam que a Dinamarca havia controlado Londres, e que a Inglaterra estava sendo unida à Dinamarca, à Noruega e a partes da Suécia.

Assim, quando você assistir aos próximos jogos olímpicos, lembre-se de que o que parece ser uma competição entre nações é na verdade um acordo global impressionante. E essa filosofia parece bem próxima da que esperamos num mundo de regeneração. Isso mostra que o modelo revelado por Emmanuel, e que pareceu ter fracassado com a queda do Império Romano, na verdade rendeu muitos bons frutos, os quais estamos colhendo na atualidade.

Hoje em dia, quase todo mundo acredita no mesmo tipo de capitalismo, onde somos engrenagens de uma única linha de produção global. Sentado aqui em Goiânia, uma das capitais do Centro-Oeste do Brasil, enquanto escrevo esse texto, posso, se quiser, parar por cinco minutos e fazer uma compra na China, e ainda receber o produto em alguns dias, sem sair de casa!

Quando o Estado Islâmico conquistou grande parte da Síria e do Iraque, assassinou milhares de pessoas, demoliu sítios arqueológicos, derrubou estátuas e destruiu os símbolos dos regimes anteriores e da influência cultural do Ocidente; mas quando seus combatentes entraram nos bancos e encontraram dólares estampados com rostos de presidentes americanos e frases em inglês, louvando ideais políticos e religiosos americanos, eles não queimaram esses símbolos do imperialismo americano. Pois o dinheiro é universalmente respeitado por todos os segmentos políticos e religiosos.

Porém, a homogeneidade contemporânea é mais evidente quando se trata da maneira de ver o mundo natural e o corpo humano. Se você ficasse doente mil anos atrás, importava muito o lugar onde vivia. Na Europa, um sacerdote lhe diria que você tinha irritado a Deus e que, para recobrar a saúde, deveria fazer um donativo à Igreja, peregrinar a um lugar sagrado e rezar fervorosamente, pedindo perdão. Ou então a bruxa da aldeia poderia explicar que você estava sob a possessão de um demônio e que ela poderia expulsar o demônio por meio de uma canção, uma dança e o sangue de um galo preto. No Oriente Médio, médicos formados nas tradições clássicas explicariam que seus quatro humores corporais estavam desequilibrados, e você deveria harmonizá-los com uma dieta e poções bizarras. Na Índia, especialistas aiurvédicos apresentariam teorias sobre os três elementos corporais conhecidos como *doshas* e recomendariam um tratamento de ervas, massagens e posições de ioga. Médicos chineses, xamãs siberianos, médicos feiticeiros africanos, curandeiros ameríndios - todo império, reino e tribo tinham suas próprias tradições e seus especialistas, cada um adotando uma visão diferente do corpo humano e da natureza da doença.

E, incrivelmente, todos os tratamentos alcançavam certo grau de sucesso, pois sabe-se, atualmente, que o efeito placebo cura, em média, 32% dos pacientes submetidos a tratamentos inúteis, beberagens estranhas, rituais bizarros ou intervenções cirúrgicas inadequadas[54].

Hoje, se você adoecer, em qualquer país, será levado a hospitais parecidos, com médicos em aventais brancos que aprenderam as mesmas teorias científicas nas mesmas faculdades de medicina. Seguirão protocolos idênticos e farão exames idênticos para chegar a diagnósticos muito semelhantes. Esses médicos vão prescrever os mesmos remédios produzidos pelas mesmas companhias farmacêuticas internacionais.

54. *A biologia da crença*, Bruce H. Lipton.

Hoje, pessoas instruídas em todo o mundo acreditam nas mesmas coisas quanto a matéria, energia, tempo e espaço. Tome, por exemplo, os programas nucleares iraniano e norte-coreano. O perigo está no fato de que os iranianos e os norte-coreanos têm exatamente a mesma visão da física que têm os israelenses e os americanos. Se iranianos e norte-coreanos acreditassem que $E=mc^3$ (ao invés de $E=mc^2$), Israel e Estados Unidos não precisariam se incomodar nem um pouco com seus programas nucleares.

Sejam quais forem as mudanças que nos esperam no futuro até a regeneração, elas provavelmente envolverão uma luta fraternal dentro de uma única civilização e não um embate entre civilizações estranhas. Não é mais provável que nos isolemos mais uns dos outros; pelo contrário, nos tornaremos cada vez mais interdependentes. Embora o gênero humano ainda esteja longe de constituir uma comunidade harmoniosa, somos todos membros de uma única - e ainda conflituosa - civilização global.

Capítulo 5

Liberdade, mas com responsabilidade

OS SERES HUMANOS raciocinam melhor sobre as coisas, quando são formadas por narrativas, histórias e relatos; e não fatos, números ou equações. Por isso as lendas e mitos. Ao longo do século XX ouvimos três grandes narrativas que pretenderam organizar a humanidade: a narrativa fascista, a narrativa comunista e a narrativa liberal.

Na Segunda Guerra Mundial a narrativa fascista foi derrotada, com a vitória aliada sobre os países que constituíam o Eixo, sobretudo Itália e Alemanha, ficando apenas a narrativa comunista e a liberal. Depois, em 1991, a narrativa comunista desabou sob o peso de si mesma, com o fim da URSS. A Rússia faliu ideologicamente, sem nenhum atrativo para os estrangeiros e ainda sofre de uma prática política na qual poucas pessoas monopolizam a maior parte da riqueza e do poder do país. Hoje o povo russo vive em um país com corrupção endêmica, serviços que funcionam mal e com uma desigualdade assombrosa.

A narrativa liberal então prevaleceu como o principal guia da humanidade. Seu valor principal é a liberdade. O liberalismo, na verdade, é uma filosofia que reúne uma série de valores que temos hoje, como direitos humanos, capitalismo, democracia, igualdade de gênero, igualdade racial, liberdade de expressão, liberdade religiosa, liberdade de imprensa etc.

Seguindo em paralelo à essas narrativas, mas sem grande sucesso, vem o Islã. E, embora seja capaz de seduzir algumas pessoas na Síria e no Iraque, e mesmo jovens muçulmanos na Alemanha e na Inglaterra encantados com a teocracia muçulmana, é difícil imaginar Grécia ou África do Sul - muito menos Canadá ou Coreia do Sul - aderindo a um califado global como solução para seus problemas.

Na visão da narrativa liberal, o que deu errado em nossa História fez parte das narrativas fascistas ou comunistas, regimes opressores que concediam poucos direitos, poucas oportunidades e restringiam a liberdade de indivíduos, ideias e bens. A filosofia liberal é muito amigável com a filosofia espírita, sobretudo quando estudamos a lei de liberdade, contida na terceira parte de *O Livro dos Espíritos*.

Mas, as crises na União Europeia e a discussão sobre levantar ou não um muro separando o México dos EUA fazem o mundo pensar. Se os "vitoriosos" do embate entre fascismo, socialismo e liberalismo parecem lidar com crises persistentes, o que será do mundo? Qual caminho a seguir? O Brasil é um ótimo exemplo desse tipo de insegurança sobre qual caminho seguir. Mesmo após o Tribunal de Nuremberg, em 1946, ter declarado que - "Hitler e seu sistema provocaram um sofrimento enorme, além de privação e miséria, entre o povo alemão. Com o final desse processo, Hitler será desprezado e condenado como um dos autores desse infortúnio. O mundo, no entanto, deverá aprender do ocorrido que ditaduras como formas de Estado deverão não apenas ser odiadas, mas também temidas" - o Brasil acabou por entrar em um regime ditatorial militar, que teve começo, meio e fim e - felizmente - foi trocado por um liberalismo jovem, vibrante e recheado de oportunidades.

Conjunções como, por exemplo, ONU, Opep, UE e Mercosul parecem ser o melhor modelo a se espalhar, unindo países em um desenho do futuro da humanidade. Alguns especialistas[55] enxergam ainda outros cenários, onde a soberania popular no mundo está sendo progressivamente reduzida, devido a duas questões principais.

A primeira delas diz respeito à necessidade de nos ajustarmos às regras do mercado, sobretudo sobre a influência do comércio internacional, que vem determinando cada vez mais como deve se comportar a economia e, por tabela, o papel de cada indivíduo na engrenagem socioeconômica.

A outra é sobre a importância conquistada pelas "minorias"[56], que vêm pressionando o Estado em seu benefício, ampliando direitos e ações a seu favor, por meio dos tribunais, e organizados em pequenos grupos, embora seja menor a sua participação na economia, na cultura e na sociedade.

Ora, um mundo como o nosso, de expiação e provas, é por definição um orbe de transição; portanto, nada mais natural que a humanidade que aqui habita seja reticente grande parte do tempo. Mas a maioria dos humanos nunca usufruiu de maior paz e prosperidade do que sob a égide da ordem liberal e das democracias do início do século XXI. Pela primeira vez na História, doenças infecciosas matam menos que idade avançada; fome mata menos que obesidade, e violência mata menos que acidentes.

55. Patrick Moreau, editor-chefe da revista canadense *Argument*, expõe suas opiniões em uma coluna no jornal *Le Devoir*; e Yasha Mounk, jovem cientista político americano, em seu último best-seller *O povo contra a democracia*.

56. O termo *minoria* refere-se à categoria de pessoas diferenciadas da maioria social. A diferenciação pode ser baseada em uma ou mais características humanas observáveis, incluindo: etnia, raça, religião, deficiência, gênero, riqueza, saúde ou orientação sexual. O uso do termo é aplicado a várias situações e civilizações na História, apesar de sua popular associação com uma minoria numérica e estatística.

Capítulo 6

A distorção do humanismo

O HUMANISMO, MOVIMENTO de origem italiana, do período do Renascimento, colocou o homem como o centro de todas as coisas existentes no Universo. Foi nesse período, entre a Baixa Idade Média e início da Era Moderna - séculos XIV e XVI - que os avanços científicos começaram a tomar espaço no meio cultural.

A tecnologia começava a se aflorar nos campos da matemática, física, medicina. Galileu Galilei comprovou a teoria heliocêntrica, pela qual o Sol passou a ser o centro do sistema planetário, defendida anteriormente por Nicolau Copérnico. Paracelso explorou as drogas medicinais e seu uso, enquanto Gutenberg descobriu um novo meio de reproduzir livros. A filosofia despontou como atividade intelectual, renovada pelo interesse nos autores da Antiguidade clássica: Aristóteles, Virgílio, Cícero e Horácio e tal período também é chamado de Classicismo. A burguesia e a nobreza, classes sociais que despontaram no final da Idade Média, passam a dividir o poderio com a Igreja.

É nesse contexto cultural que a visão antropocêntrica se instalou e influenciou todo campo da literatura, música, escultura e artes plásticas. Os valores humanistas nos permitiram estudar a anatomia humana e foi levando o homem a olhar para si mesmo e o mundo. O ser humano nunca esteve tão na moda. Mas os espíritos disseram a Allan Kardec:

> A ciência lhe foi dada [ao homem] para seu adiantamento em todas as coisas; ele, porém, não pode ultrapassar os limites que Deus estabeleceu. Quanto mais consegue o homem penetrar nesses mistérios, tanto maior admiração lhe devem causar o poder e a sabedoria do Criador. Entretanto, seja por orgulho, seja por fraqueza, sua própria inteligência o faz joguete da ilusão. Ele amontoa sistemas sobre sistemas e cada dia que passa lhe mostra quantos erros tomou por verdades e quantas verdades rejeitou como erros. São outras tantas decepções para o seu orgulho[57].

A ascensão do humanismo acabou por trazer os elementos de sua própria inviabilidade e a ideia do homem como medida de tudo tem nos obliterado a razão. Separa-nos do meio ambiente, gera a concentração de riquezas e nos põe distantes de nossos pares humanos. É a filosofia da vida boa e livre.

Um dos desdobramentos do Humanismo é o Individualismo. Acreditamos que todo ser humano é um indivíduo, cujo valor não depende do que outras pessoas pensam a nosso respeito. Dizemos às crianças que, se os colegas zombarem delas, elas devem ignorar e se afastar. Somente elas mesmas conhecem seu verdadeiro valor. Amigos, dando conselhos, muitas vezes dizem: "Siga seu coração".

Outro desdobramento do Humanismo foi o Romantismo, um movimento artístico, político e filosófico surgido nas últimas décadas do século XVIII na Europa e caracterizou-se como uma visão de mundo centrada no indivíduo. Os autores voltaram-se

---

57. *O Livro dos Espíritos*, de Allan Kardec, questão 19.

para si mesmos, retratando o drama humano, amores trágicos e os ideais utópicos. Ele nos diz que, para aproveitar ao máximo nosso potencial humano, devemos ter tantas experiências diferentes quanto possível, nos abrir a um amplo leque de emoções, experimentar vários tipos de relacionamento, provar culinárias diferentes, aprender a apreciar diferentes estilos de música. Escapar da rotina diária, deixar para trás o cenário familiar e viajar para terras distantes, vivenciar a cultura, os aromas, os sabores e as normas de outros povos. Ouvimos repetidas vezes os mitos românticos sobre "como uma nova experiência abriu meus olhos e mudou minha vida".

Um exemplo de como o Romantismo influi decisivamente em nossa maneira de pensar é quando analisamos o mito romântico que se tornou Chico Xavier. Converse com qualquer espírita e provavelmente ele vai descrever esse grande médium como um homem abençoado por Deus, que venceu desafios quase insuperáveis, numa vida que foi uma verdadeira prova de fé. Nasceu pobre, perdeu a mãe ainda criança e fora "doado" para sua madrinha, sofrendo torturas horrendas em suas intolerantes mãos, que lhe renderam uma hérnia crônica. Devido a uma mediunidade excepcional, via o espírito da mãe, com o qual conversava, e também espíritos diversos que o orientavam e também o confundiam. Acabou por tornar-se um homem frágil, dócil e sensível. Não bastassem tantas provações, ainda teve uma dolorosa catarata em um dos olhos, que o deixou parcialmente cego, e uma fragilidade orgânica que o levou a ter mais de um infarto. Trabalhava o dia todo para ganhar o parco pão material e à noite precisava dirigir uma casa espírita, atender enfermos e psicografar incessantemente, sem receber um centavo por isso e mal tendo tempo para dormir, sob a dura batuta de Emmanuel, seu orientador espiritual, que lhe impunha uma disciplina militar. Não raro era injustiçado, e os espíritas contam, orgulhosos de sua resignação, que certa vez recebera como recompensa por uma carta psicografada uma cusparada na face e não se ofendera por isso.

A maioria esmagadora de espíritas dirá que Chico era um espírito elevado e que sua vida foi um exemplo de abnegação e amor ao próximo, que acertadamente lhe justificam o título de "O maior brasileiro de todos os tempos". Mas essa é uma visão, embora baseada em fatos, extremamente romantizada de sua vida. A grande maioria dos espíritas ignora - ou faz questão de ignorar - o fato de que Chico Xavier era muito mais do que isso e sua vida tinha muito mais nuances. Maria João de Deus, sua mãe biológica, escreveu através da mediunidade do filho: "Não encares a tua mediunidade como um dom. O dom é uma dádiva e ainda não mereces favores do Altíssimo dentro da tua imperfeição. Reflete que, se a verdade tem exigido muito de ti, é que o teu débito é enorme diante da lei divina"[58].

Chico era um espírito que expiava grandes faltas; por isso nasceu com tantos desafios a serem superados. Além disso Chico foi um grande idealista. Doou os direitos autorais de suas obras mais célebres e grandes fortunas que lhe foram destinadas integralmente à Federação Espírita Brasileira (FEB) e não seguiu pelo caminho defendido pela maioria das instituições espíritas, tão preocupadas em construir creches, asilos, escolas ou hospitais, com tão poucos recursos que acabam por enveredar pelos caminhos obscuros dos convênios públicos municipais e estaduais. Além disso, todos aqueles que foram convidados a psicografar obras ao seu lado, como Waldo Vieira ou Carlos Baccelli, tiveram igualmente que abrir mão dos direitos de suas obras conjuntas, cedendo-os à FEB, condição não negociável com o médium, e, mesmo depois de desfeitos seus compromissos com a Federação, continuou a doar seus direitos a instituições espíritas e nunca os

58. *Cartas de uma morta*, de Maria João de Deus, psicografado por Francisco Cândido Xavier, Um adeus.

requereu nem para comprar uma cesta básica para um faminto sequer. O Romantismo nos apresenta um Chico amoroso, porém frágil, dócil e quase apático, visão que fora transferida para o filme biográfico de sua vida. A História mostra um outro Chico: amoroso, doce e sensível, porém, um idealista focado, forte e determinado.

O consumismo é um outro desdobramento natural do Individualismo e do Romantismo, esse novo estilo de vida que nos diz que, para sermos felizes, precisamos consumir produtos e serviços na maior quantidade possível. O Romantismo, que encoraja a variedade, casa perfeitamente com o Consumismo. Essa união deu à luz o infinito "mercado de experiências" sobre o qual se ergueu a indústria de consumo moderna. E hoje acreditamos que consumir é correto; queremos consumir objetos, alimentos, serviços...

Acreditamos que a variedade pode entregar qualidade, como se volume fosse sinal de experiências que se acumulam. Consumimos até pessoas, entrando e saindo de suas vidas e igualmente permitindo que entrem e saiam das nossas, compartilhando com elas experiências tão superficiais quanto passageiras, formando dentro de nós um extenso banco de dados, que, no fim, mais dispersa do que agrega.

Em face a essas e outras crenças humanistas semelhantes, é provável que no século XXI empurremos a humanidade como um todo para além dos limites do tolerável, até que a dor nos desperte para os verdadeiros valores humanos e fraternos.

Capítulo 7

A máxima defesa da vida

ATUALMENTE VIVENCIAMOS UM movimento mundial, avassalador, pela supervalorização da vida! A Declaração Universal dos Direitos do Homem, adotada pela Organização das Nações Unidas após a Segunda Guerra Mundial - e que talvez seja o que há de mais próximo que temos de uma Constituição global -, declara que o direito à vida é o valor fundamental da humanidade e, consequentemente, parece que acabamos todos convocados a travar uma guerra total contra a morte.[59]

Mas essa é uma concepção nova. As sociedades ao longo do tempo não conservaram um histórico de "santificar" a vida, preservando-a a todo custo. Pelo contrário, sempre santificaram algo transcendente, sendo, de maneira geral, bem receptivas com a morte. Três das maiores religiões da Terra - o cristianismo, o islamismo e o hinduísmo - sempre pregaram que o significado de nossa existência estava vinculado ao pós-vida. Assim, a morte era um decreto divino, parte vital e positiva do mundo, a linha de chegada e, depois dela, o prêmio, numa experiência metafísica, sagrada e repleta de significado.

59. pfdc.pgr.mpf.mp.br/atuacao-e-conteudos-de-apoio/legislacao/direitos-humanos/declar_dir_ homem.pdf

Para nós, espíritas, essa visão da vida ancestral é bem clara, e sabemos muito bem que não devemos dar à vida material um valor maior ao que ela realmente tem. O conceito de vida futura nos ensina que uma encarnação não é um bem supremo ao qual devemos nos apegar com todas as nossas forças, e seu valor é passageiro e datado, servindo como período transicional para novos aprendizados e reajustes.

Mas a ciência e a cultura modernas - excessivamente materialistas por sinal - vêm desenvolvendo uma visão totalmente diferente, tanto da ancestralidade quanto do espiritismo. Estamos vivenciando um momento histórico de mudança de paradigma. Grande parte dos seres humanos contemporâneos está pensando na morte mais como um problema técnico que *precisa* ser resolvido. Ou seja, do ponto de vista científico, apenas um defeito técnico. E, em tese, todo problema técnico pode ter uma solução técnica.

É óbvio que a visão científica acaba nos contagiando. Quando vamos ao médico, queremos saber qual o "problema técnico" que temos e como solucioná-lo. E até mesmo quando uma pessoa morre em um acidente de trânsito ou em um furacão, tendemos a tratar esses casos como uma falha técnica que poderia ter sido evitada, pela maior obediência às leis de trânsito ou um serviço meteorológico mais eficiente.

E, mesmo tendo a certeza absoluta de que todos vão morrer um dia, que essa é a única certeza inevitável em nossa existência, mesmo assim, quando alguém morre, nos revoltamos em choque pelo "absurdo" do fato, querendo saber "o que deu errado". A própria gigante da tecnologia, Google, fundou uma empresa em 2013 chamada *Calico*, cujo objetivo, claramente, seria vencer o envelhecimento e as doenças decorrentes, tornando a morte obsoleta[60].

---

60. exame.abril.com.br/ciencia/google-quer-desafiar-a-morte-com-o-lancamento-da--calico/

Mas durante o último século conseguimos quase duplicar nossa expectativa de vida, que na maior parte de nossa existência na Terra girou em torno de 40 anos. Com um "empurrãozinho" da ciência talvez não seja tão difícil viver mais umas poucas décadas.

Mas as implicações são tantas que nem de longe estamos preparados para a realidade de uma longevidade extra. Como a Previdência Social se sustentará quando em várias partes do mundo os governos já estão tendo dificuldade com os tantos idosos que "teimam" em não morrer, avançando além dos 90 anos de vida? Como seria lidar com um chefe que se formou em 1890? Como conciliar seu conhecimento e suas ideias com a atualidade do século em que vivemos? Os almoços de domingo, então, seriam grandemente enriquecidos com a presença de nossos avós, bisavós, trisavós e tetravós, junto de filhos, netos, bisnetos, trinetos e tetranetos. Talvez tivéssemos mais asilos do que lanchonetes nas cidades. Stalin ainda estaria em Moscou, firme e forte à frente do governo, com a Rússia preparando a festa do seu aniversário de 140 anos. Neste momento a ideia de viver tanto tempo não parece mais tão boa, não é verdade?

Companhias de seguro, fundos de pensão, sistemas de saúde e ministérios de Fazenda estão horrorizados com o salto na expectativa de vida humana. As pessoas estão vivendo muito mais do que se esperava, e não há dinheiro suficiente para pagar sua aposentadoria e os tratamentos médicos de que necessitam. Nossos avós trabalharam para pagar a aposentadoria de nossos pais, e nós estamos trabalhando para pagar a aposentadoria de nossos filhos. Com mais e mais pessoas nascendo, cada geração dilui os proventos da anterior. Os 70 anos ameaçam tornar-se os novos 40, e especialistas defendem a elevação da idade de aposentadoria e a reestruturação do mercado de trabalho.

Em 1900, a expectativa de vida global não excedia os 40 anos porque grande parte dos jovens morria de subnutrição, doenças infecciosas ou violência. Porém, quem escapasse, poderia viver até os 70 ou 80 anos, que é a duração de vida natural do ser humano. Galileu Galilei morreu com 77 anos; Isaac Newton, com 84, e Michelangelo viveu 88 anos, sem a ajuda de antibióticos, vacinas, transplante de órgãos ou mesmo anestesia.

A grande verdade é que, até o presente momento, a medicina não prolongou o tempo de vida natural do ser humano um ano sequer. Sua grande conquista foi nos salvar da morte prematura, permitindo-nos usufruir de uma existência com mais qualidade. As pessoas mais saudáveis do mundo raramente vão viver mais que 90 anos. Mas, graças a Deus, a morte não existe.

No ano de 1857, o professor Hippolyte Léon Denizard Rivail, sob o pseudônimo de Allan Kardec, literalmente matava a morte com o lançamento do primeiro volume da codificação espírita, *O Livro dos Espíritos*. Descobrimos que estamos vivendo um momento passageiro junto à matéria, num aprendizado incessante, até a hora de retornar ao nosso verdadeiro lar, a realidade do mundo espiritual, nossa dimensão original e, quiçá um dia, ficar lá eternamente, após adquirir o cabedal necessário de lições.

Capítulo 8

Felicidade a todo custo

COM CERTEZA, TENDO em vista esse contexto otimista que estudamos até aqui, a felicidade parece uma meta a se considerar. Mas qual seria a fórmula da felicidade?

"Com relação à vida material, é a posse do necessário. Com relação à vida moral, a consciência tranquila e a fé no futuro"[61], responderam os espíritos superiores a Allan Kardec. Mas no decorrer da História, de profetas a pensadores, passando por pessoas comuns, a felicidade sempre foi considerada um bem supremo, e os pensadores modernos tendem a considerá-la um projeto coletivo.

Nações industrializadas como Alemanha, França e Japão, no final do século XIX, estabeleceram sistemas gigantescos de educação, saúde e bem-estar social para fortalecer a nação e não necessariamente o bem-estar individual. Financiavam a vacinação de bebês, dietas balanceadas para crianças e educação física para adolescentes. Drenaram pântanos fétidos, exterminaram mosquitos e construíram sistemas centralizados de esgoto. O país precisava de soldados, trabalhadores robustos e mulheres

61. *O Livro dos Espíritos*, de Allan Kardec, questão 922.

saudáveis que dessem à luz mais soldados e trabalhadores que batessem ponto sem atraso às 8h da manhã, e não de pessoas doentes e acamadas.

Mas nas últimas décadas a situação mudou. A visão utilitarista do iluminista inglês Jeremy Bentham[62] nunca esteve tão em voga quanto atualmente. O utilitarismo defende a moral voltada para o bem-estar das pessoas, a qualificação de qualquer sistema, em função das boas consequências morais de suas regras ou ações. Assim, o bem-estar das pessoas afetadas por um curso de ações deveria ser maximizado, e o sofrimento minimizado[63].

E, assim, queremos que o Estado nos sirva, como se tivéssemos o direito natural de sermos felizes, e tudo o que nos faça ficar insatisfeitos parece ser uma violação de nossos direitos humanos básicos.

A doutrina espírita concorda perfeitamente com a ideia de que devemos ser felizes e, na verdade, afirma categoricamente que seremos, embora não exatamente na Terra. Na introdução de *O Evangelho segundo o Espiritismo*, Allan Kardec pontua que o Evangelho seria, "acima de tudo, o caminho infalível para a felicidade vindoura", ou seja, uma clara alusão à felicidade que iremos usufruir na vida além da vida. Mais à frente na leitura evangélica podemos encontrar uma mensagem de François-Nicolas-Madeleine, o Cardeal Morlot[64], onde ele afirma que "a felicidade não é deste mundo", um esclarecimento dos mais válidos, afinal nós não somos daqui, da Terra. Somos cidadãos do mundo espiritual, portanto, em tese, quem estiver esbanjando felicida-

62. Jeremy Bentham (Londres, 15 de fevereiro de 1748 - Londres, 6 de junho de 1832) foi filósofo, jurista e um dos últimos iluministas a propor a construção de um sistema de filosofia moral, não apenas formal e especulativa, mas com a preocupação radical de alcançar uma solução à prática exercida pela sociedade de sua época. As propostas têm, portanto, caráter filosófico, reformador e sistemático.

63. https://pt.wikipedia.org/wiki/Jeremy_Bentham

64. *O Evangelho segundo o Espiritismo*, de Allan Kardec, capítulo 5.

de por aqui pode estar com um grande problema nas mãos, um equívoco que poderá lhe custar caro, pois em algum momento será convidado a abandonar seu "mundo material feliz" e retornar para a realidade da dimensão espiritual, nosso verdadeiro lar.

Durante os séculos XIX e XX, governos, corporações e laboratórios focaram suas conquistas em metas bem definidas. Os países passaram a avaliar o sucesso pelo tamanho de seu território, o aumento de sua população e o crescimento do PIB *per capita*[65] – e não pela felicidade de seus cidadãos. Na verdade, a felicidade passou a ser considerada um subproduto natural de um sistema que funcionasse como um relógio.

> Felizes[66] os pobres no espírito, porque deles é o Reino dos Céus. Felizes os que choram, porque serão consolados. Felizes os mansos, porque receberão a Terra em herança. Felizes os que têm fome e sede de justiça, porque serão saciados. Felizes os misericordiosos, porque alcançarão misericórdia. Felizes os puros no coração, porque verão a Deus. Felizes os que promovem a paz, porque serão chamados filhos de Deus. Felizes os perseguidos por causa da justiça, porque deles é o Reino dos Céus. Felizes sois vós, quando vos injuriarem e perseguirem e, mentindo, disserem todo mal contra vós por causa de mim. Alegrai-vos e exultai, porque é grande a vossa recompensa nos céus. Pois foi deste modo que perseguiram os profetas que vieram antes de vós.[67]

Jesus falou sobre o segredo da felicidade de forma direta, mas tamanho é o nosso imediatismo que até hoje temos encontrado

65. Produto Interno Bruto.
66. Uma maneira de interpretar *bem-aventurados*.
67. Mateus 5:3-12.

dificuldade em assimilar suas palavras. Frente a tanto progresso que vivenciamos, temos, em tese, tudo para sermos felizes, mas, como diz Morlot: "Na verdade, nem a riqueza, nem o poder, nem mesmo a juventude são condições essenciais da felicidade."

Mas, a despeito das conquistas sem precedentes nas últimas décadas, está longe de ser óbvio que os contemporâneos estejam significativamente mais satisfeitos do que seus ancestrais e a taxa de suicídios no mundo desenvolvido é muito mais elevada do que nas sociedades tradicionais.

No Peru, na Guatemala, nas Filipinas e na Albânia - países em desenvolvimento que vivem às voltas com pobreza e instabilidade política –, uma pessoa em cada 100 mil comete suicídio a cada ano. Em países ricos e pacíficos, como Suíça, França, Japão e Nova Zelândia, vinte em cada 100 mil pessoas tiram a própria vida anualmente.

Allan Kardec faz uma pequena reflexão sobre o suicídio[68], afirmando claramente que, quaisquer que sejam os motivos particulares, há sempre por causa um profundo descontentamento. Uma pessoa que está certa de ser infeliz somente por alguns dias, e de estar melhor nos dias seguintes, normalmente desenvolve uma paciência e uma tolerância maiores. Uma pessoa só se desespera se não vê o fim de sua amargura. Quem é espírita sabe que a vida humana, em relação à eternidade, é bem menos que um dia. Mas para aquele que não acredita na vida espiritual, que pensa que tudo termina com a vida física, que se deixa abater pelo desgosto e pelo infortúnio, a solução está na morte. Nada esperando além da vida, parece natural e até mesmo lógico abreviar as frustrações pelo suicídio.

As ideias materialistas são os maiores incentivadores do suicídio, pois delas vêm a fraqueza moral. Frente à falta de fé e co-

68. *O Evangelho segundo o Espiritismo*, de Allan Kardec, capítulo 5.

nhecimento do mundo espiritual, mais vale tirar logo a própria vida do que deixar para mais tarde, protelando o sofrimento. Na verdade, a falta de fé na vida futura destitui a vida de toda ordem e moral; afinal, existindo só o *aqui* e o *agora* o que nos impediria de cair no abuso dos usufrutos terrenos? O que me impediria de roubar ou me drogar? A lei humana? E se pudéssemos nos furtar à lei, como tantos o fazem? O mundo seria nosso *playground;* e as pessoas, nossos brinquedos!

Na verdade, o suicídio, um dos frutos do materialismo, vem nos mostrar o quanto a falta de conhecimento na vida futura pode se tornar um entrave ao progresso da humanidade. Sem a crença em uma justiça divina e na reencarnação, a visão materialista nos põe como seres desalmados cujo senso moral serve apenas para a obediência às leis humanas, para se conter o caos social. Sem uma visão de vida espiritual, o senso moral é posto em xeque e as atitudes imorais ganham campo de ação. No entanto, os ateus não estão se suicidando ou cometendo crimes mais do que os outros. O que nos faz pensar sobre o valor da questão 621, de *O Livro dos Espíritos*, que nos diz que a lei de Deus está na consciência humana.

Em 1985, a maioria dos sul-coreanos vivia sob uma ditadura autoritária e uma forte tradição. O país era pobre e tinha uma educação precária. Hoje a Coreia do Sul é uma potência econômica, seus cidadãos estão entre os mais instruídos no mundo e usufruem de um regime estável e razoavelmente liberal e democrático. Contudo, em 1985, cerca de nove em cada 100 mil sul-coreanos se mataram; no presente, a taxa anual de suicídio mais do que triplicou: é de trinta em cada 100 mil[69].

Um pedaço de pão era suficiente para alegrar um camponês medieval faminto. Como alegrar um ser humano contem-

69. https://pt.wikipedia.org/wiki/Suic%C3%ADdio_na_Coreia_do_Sul

porâneo, entediado, bem remunerado e obeso? O século XX foi uma era de ouro para os Estados Unidos. A vitória na Segunda Guerra Mundial, seguida de uma vitória ainda mais decisiva na Guerra Fria, transformou o país na maior superpotência global. Entre 1950 e 2000, o PIB americano cresceu de US$ 2 trilhões para US$ 12 trilhões. A renda real *per capita* dobrou. A pílula anticoncepcional tornou o sexo mais livre do que nunca. Mulheres, homossexuais, afro-americanos e outras minorias ganharam uma fatia maior da torta americana. Carros baratos, geladeiras, aparelhos de ar-condicionado, aspiradores de pó, lavadoras de louça, máquinas de lavar roupas, telefones, televisões e computadores transformaram a vida cotidiana. Mas nenhuma pesquisa chegou à conclusão de que o americano se sentia mais feliz ou otimista. Existe uma percepção de que esse progresso foi "normal", como algo óbvio e sem um valor de conquista extra[70].

No Japão, a renda real média quintuplicou entre 1958 e 1987, uma das mais rápidas explosões econômicas da História. Apesar desse "surto" de riqueza, aliada a numerosas mudanças positivas no estilo de vida e nas relações sociais, os japoneses não pareceram entender que houve uma melhoria estupenda em seu bem-estar. Parecem ter a mesma percepção americana de que houve um progresso "normal", óbvio, aguardado. Os japoneses na década de 1990 demonstravam a mesma satisfação de 1950, quarenta anos atrás[71].

Os espíritos disseram a Kardec que caberia a cada um "ser tão feliz quanto possível na Terra"[72], mas o sentimento de felicidade parece não carregar mais o que seria óbvio por definição: o êxtase da vitória, a sensação de uma realização máxima, a conquista do tão aguardado sonho, uma alegria suprema. Pelo contrário, a

70. super.abril.com.br/cultura/a-busca-da-felicidade/
71. https://pt.wikipedia.org/wiki/D%C3%A9cada_perdida_(Jap%C3%A3o)
72. *O Livro dos Espíritos*, de Allan Kardec, questão 920.

felicidade parece ter se tornado um sentimento "morno", *blasée*, como diriam os franceses.

Mas, psicologicamente falando, a felicidade depende mais de a realidade corresponder às nossas expectativas e não exatamente de termos uma existência pacífica e próspera. Mas à medida que as condições melhoram, nossas expectativas crescem.

E todos sabem o que acontece quando nossas expectativas não são atendidas: advém a frustração, e parece que quanto mais o mundo melhora, mais nos sentimos frustrados. Parece um contrassenso, não é mesmo? Mas parte disso vem de nossa percepção de valor, cientes que estamos de que o "céu é o limite".

Derrama-se na mídia e nas redes sociais uma enxurrada de notícias e fotos sobre a vida de bilionários, *top models*, atletas olímpicos e campeões de todos os tipos. Temos a impressão de que o mundo está cheio de super-humanos e que nós não fazemos parte desse clube seleto.

Sobre esse tema tão amplo, Allan Kardec esclarece:

> Incerto quanto ao futuro, [o ser humano] dedica-se inteiramente ao presente, deixando de ver os bens mais preciosos do que os que existem na Terra. É como a criança que nada vê além de seus brinquedos e tudo faz para os obter. A perda do menor de seus bens é motivo de grande tristeza. Uma desilusão, uma esperança perdida, uma ambição insatisfeita, uma injustiça da qual ele é vítima, o orgulho ou a vaidade feridos são também tormentos que fazem de sua vida uma angústia perpétua, pois se entrega voluntariamente a uma verdadeira tortura de todos os instantes[73].

A melhor sensação do mundo passa rapidamente. E mais

73. *O Evangelho segundo o Espiritismo*, de Allan Kardec, capítulo 2, O ponto de vista.

cedo ou mais tarde temos que encarar a realidade, que não é agradável 100% do tempo. Por isso, saindo do âmbito moral e entrando no campo material, nossas expectativas e até nossas alegrias vêm sendo estudadas sob o âmbito da bioquímica. O que as novas descobertas mostram é que as boas sensações podem ser estimuladas com ativos bioquímicos, desenvolvidos a partir da análise do comportamento químico de nosso próprio organismo em momentos de alegria ou prazer.

Mas se trata apenas de um artifício orgânico para estimular o espírito a buscar mais conquistas e a progredir constantemente. A saciedade que só o alimento pode trazer, o descanso que só o sono é capaz de suprir ou o orgasmo que só o sexo é capaz de proporcionar, são reações físicas que dão muito prazer ao espírito. E os cientistas estão em busca de qual ativo bioquímico em nosso organismo é responsável por cada sensação, qual substância é lançada no sangue quando ficamos tristes e qual é lançada quando ficamos alegres.

Mas o prazer físico e, de maneira geral, as satisfações terrenas são importantes, e até Allan Kardec saiu em sua defesa ao afirmar:

> Se o homem só fosse instigado a usar dos bens terrenos pela utilidade que têm, sua indiferença houvera talvez comprometido a harmonia do Universo. Deus imprimiu a esse uso o atrativo do prazer, porque assim é o homem impelido ao cumprimento dos desígnios providenciais.[74]

E, justamente pelo fato de que nada nos satisfaz por muito tempo, pelo menos em uma vida física, passageira, em um mundo de expiação e provas, não é esse o objetivo que devemos mi-

74. *O Livro dos Espíritos*, de Allan Kardec, questão 712a.

rar para encontrar a felicidade, mas a jornada. Escalar o Monte Everest é mais prazeroso do que ficar de pé em seu topo.

Fazem parte da evolução as sensações agradáveis e tranquilas, com eletrizantes picos de sensações de júbilo e excitação. Quando um animal está em busca de algo que aumente suas probabilidades de sobrevivência (alimento) e reprodução (parceiros), o cérebro produz sensações agradáveis de vigilância e de excitação que o impelem a fazer esforços maiores.

Num experimento famoso[75], cientistas conectaram eletrodos ao cérebro de ratos, permitindo aos animais criar sensações de excitação simplesmente apertando um pedal. Quando se ofereceu aos ratos a opção entre ganhar uma comida saborosa ou apertar o pedal, eles preferiram o pedal (se fossem crianças, seria como preferir o videogame ao jantar). Os ratos pressionavam o pedal sem parar, até enfraquecerem de fome e cansaço.

As expectativas se adaptam à realidade e os desafios de ontem têm se tornado o tédio de hoje. Talvez a chave para um bem-estar contínuo seja, enfim, a combinação de doses certas de excitação e tranquilidade; mas a maioria de nós tende aos extremos, combatendo o excesso de estresse com um excesso de prazer. Fato que levou à advertência de Kardec:

> O homem, que procura nos excessos de todo gênero o requinte do gozo, coloca-se abaixo do bruto, pois que este sabe deter-se, quando satisfeita a sua necessidade. Abdica da razão que Deus lhe deu por guia e quanto maiores forem seus excessos, tanto maior preponderância confere ele à sua natureza animal sobre a sua natureza espiritual. As doenças, as enfermidades e, ainda, a morte, que resultam do abuso, são, ao mesmo tempo, o castigo à transgressão da lei de Deus.[76]

---

75. sciencedirect.com/science/article/pii/S0262407909604619
76. *O Livro dos Espíritos*, de Allan Kardec, questão 714a.

Mas, a ciência tem buscado regular nosso índice de satisfação através de um sistema bioquímico, implementando esse sistema. Se no século XX as drogas psiquiátricas carregavam um grave estigma, hoje, para o bem ou para o mal, uma porcentagem crescente da população toma remédios psiquiátricos regularmente, não apenas para curar doenças mentais debilitantes, mas também para enfrentar depressões mais corriqueiras e melancolias ocasionais. Um dos exemplos mais gritantes é o número crescente de crianças em idade escolar que tomam estimulantes, como a Ritalina.

Em 2011, pesquisa mostrou que 3,5 milhões de crianças americanas tomaram medicamentos para o Transtorno de Déficit de Atenção e Hiperatividade (TDAH)[77]. No Reino Unido, o número se elevou de 92 mil crianças em 1997 para 786 mil em 2012, quase dez vezes.[78] O objetivo original do medicamento era tratar distúrbios de atenção, mas hoje crianças totalmente saudáveis ingerem esses remédios para melhorar o desempenho e atender as crescentes expectativas de pais e professores.[79]

Os métodos educacionais têm sido motivo de discussão há milhares de anos. Tanto na China, como na Grã-Bretanha vitoriana, cada país tinha um método de sua preferência e discordavam muito entre si. Mas há um ponto em que todos educadores sempre concordaram: para poder melhorar a educação, era preciso mudar as escolas.

Mas no século XXI, pela primeira vez na História, algumas pessoas pensam ser mais eficaz mudar a bioquímica dos alu-

---

77. Déficit de Atenção/Transtorno de Hiperatividade
78. cdc.gov/ncbddd/adhd/data.html
daily mail.co.uk/health/article-2351427/Number-children-givendrugs-ADHD--ninefold-patients-y oung-THREE-prescribed-Ritalin.html
79. Não há evidência suficiente relativa ao abuso desses estimulantes por parte de estudantes, mas um estudo de 2013 revelou que entre 5% e 15% de estudantes em faculdades nos Estados Unidos usaram ilegalmente algum tipo de estimulante ao menos uma vez. ncbi.nlm.nih.gov/pubmed/22732441

nos[80]. No exército, acontece algo similar: uma parte dos soldados americanos no Iraque e no Afeganistão tomava pílulas para dormir ou antidepressivos, como recurso para lidar com a pressão e a angústia provocadas pela guerra. É a visão estritamente biológica - e materialista - de que o medo, a depressão e o trauma não seriam causados por tiros, bombas ou o medo da morte, mas sim por hormônios, neurotransmissores e redes neurais.

E, por incrível que pareça, a busca bioquímica do bem-estar talvez seja também a principal causa do crime no mundo. Em 2009, metade dos internos em prisões federais nos Estados Unidos estava nessa condição por causa de drogas; 38% dos prisioneiros na Itália foram condenados por crimes relacionados com drogas; 55% dos presos no Reino Unido relataram ter cometido seus crimes em conexão com o consumo ou o tráfico de drogas. Um relatório de 2001 revelou que 62% dos condenados na Austrália estavam sob influência de drogas quando cometeram o crime pelo qual estavam encarcerados[81].

Pessoas consomem bebidas alcoólicas para esquecer, fumam maconha para se sentirem em paz, fazem uso de cocaína e metanfetaminas para ficarem espertas e confiantes; o ecstasy proporciona-lhes uma sensação de êxtase, o LSD faz o usuário ir a um mundo de sonhos. Como dizem os espíritos:

> O homem é insaciável. Por meio da organização que lhe deu, a Natureza lhe traçou o limite das necessidades; porém, os vícios lhe alteraram a constituição e lhe criaram necessidades que não são reais[82].

---

80. journals.plos.org/plosone/article?id=10.1371/journal.pone.0028416
81. bjs.gov/content/pub/pdf/dcf.pdf
bjs.gov/content/dcf/duc.cfm
gov.uk/government/statistics/offender-management-statisticsquarterly-july -to--september-2014
82. *O Livro dos Espíritos*, de Allan Kardec, questão 716.

Essa é uma ameaça existencial à ordem social e econômica, motivo pelo qual os países estão travando uma obstinada guerra contra o crime bioquímico. O Estado espera poder regular a busca bioquímica da satisfação separando as formulações "ruins" das "boas", onde as formulações que estimulam certa "estabilidade", como acalmar crianças hiperativas ou reduzir a ansiedade, são permitidas e até mesmo estimuladas.

Mas a cada ano surgem novas drogas nos laboratórios legais e ilegais. E, à medida que se acelera, a busca bioquímica pelo bem-estar reconfigura a sociedade, o mercado e as leis. E fica cada vez mais difícil mantê-la sob controle.

Independentemente de qual seja o artifício que a humanidade irá buscar, a felicidade real só será encontrada em nosso retorno ao nosso verdadeiro lar, o mundo espiritual. Nós não somos daqui, da Terra. Somos de uma outra dimensão, como acertadamente afirmou Jesus, "Meu reino não é deste mundo"[83]. Nem o dele nem o nosso.

Allan Kardec questionou: "Traçou a Natureza limite aos gozos?". E obteve como resposta: "Traçou, para vos indicar o limite do necessário. Mas, pelos vossos excessos, chegais à saciedade e vos punis a vós mesmos"[84].

Para alcançar algo próximo da felicidade real, os humanos têm de desacelerar, e não acelerar, em sua busca por sensações prazerosas. Nós, espíritas, entretanto, deveremos ainda ter muita compreensão nesse aspecto, pois a História nos ensina que todo processo precisa ser esgotado até que se admitam os erros e se renovem os caminhos.

A cada ano se produzem analgésicos mais potentes, novos sabores de sorvetes, colchões mais confortáveis e mais jogos viciantes para nossos *smartphones* a fim de que não tenhamos um

83. João 18:36.
84. *O Livro dos Espíritos*, de Allan Kardec, questão 713.

só momento de tédio enquanto esperamos numa fila. E tudo isso não será suficiente, é claro. Léon Denis, nos primeiros anos do século XX, parecia profetizar:

> Evitemos as discussões ruidosas, as palavras vãs, as leituras frívolas. Sejamos sóbrios em relação aos jornais, pois a sua leitura, fazendo-nos passar continuamente de um assunto para outro, torna o espírito ainda mais instável. Vivemos numa época de anemia intelectual, que é causada pela raridade dos estudos sérios, pela procura abusiva da palavra pela palavra, da forma enfeitada e oca, e, principalmente, pela insuficiência dos educadores da mocidade[85].

Como a evolução, sabiamente, não adaptou o *homo sapiens* para experimentar um prazer constante, e se é isso que, mesmo assim, a humanidade deseja, sorvete e *smartphone* não vão fornecer o prazer procurado. No entanto, parece que o segundo grande projeto do século XXI - depois da vida eterna - é assegurar a felicidade total, para usufruirmos um prazer perpétuo.

85. *O problema do ser, do destino e da dor*, de Léon Denis, capítulo 24.

Capítulo 9

A ciência em xeque

DURANTE 4 BILHÕES de anos, a Espiritualidade superior vem fazendo ajustes e correções nos organismos vivos, de modo que passamos de amebas a répteis, a mamíferos e a *homo sapiens*, processo mais do que avaliado por André Luiz, na obra *Evolução em dois mundos*, e Emmanuel, na obra *A caminho da luz*[86]. Contudo, não há motivo para pensar que estejamos no último estágio.

Mudanças relativamente pequenas promovidas pela Espiritualidade superior em genes, hormônios e neurônios foram suficientes para permitir que nós, enquanto *homo erectus* - que não conseguimos produzir nada mais impressionante do que facas feitas de lascas de pedra - reencarnássemos como *homo sapiens*, e produzíssemos espaçonaves e computadores.

Nesse ínterim não há dúvidas de que em algum lugar do espaço imaterial estejam sendo formados técnicos para que, ao reencarnar, possam contribuir com um melhor desempenho de nossa aparelhagem orgânica. Não só a obra *Evolução em dois mundos* trata disso, mas as obras *Transição planetária* e *Amanhecer de*

86. Não iremos aqui detalhar em quais capítulos poderão ser encontradas as referências citadas, devido ao fato de que tais explanações estão distribuídas de maneira mais ou menos concentradas em todo conteúdo das obras supracitadas.

uma Nova Era, ambos de Manoel Philomeno de Miranda e psicografados por Divaldo Pereira Franco, trazem a informação de que no mundo espiritual há muitos cientistas atuando na evolução da raça humana, trabalhando, ora encarnados, ora desencarnados, no mesmo objetivo comum.

A engenharia cibernética está dando passos incríveis e já é possível "fundir" o corpo orgânico com dispositivos não orgânicos, como mãos biônicas - ainda a um preço exorbitante, mas é possível -, olhos artificiais ou nanorrobôs capazes de navegar na corrente sanguínea com o propósito de diagnosticar doenças e corrigir danos. É claro que essas tecnologias ainda não estão disponíveis "ali na esquina", mas extensos estudos e testes têm colhido resultados positivos e bem promissores.

Cientistas conseguiram conectar um cérebro humano à internet.[87] Recentemente, macacos aprenderam a controlar mãos e pés biônicos desconectados do corpo por meio de eletrodos implantados no cérebro.[88] Pacientes com paralisia já são capazes de movimentar membros biônicos ou de operar computadores apenas com a força do pensamento.

Pesquisadores brasileiros criaram um capacete capaz de ler pensamentos, através de um programa desenvolvido em laboratórios da Unicamp[89]. Podemos controlar remotamente dispositivos elétricos em nossa casa usando um dispositivo, como um capacete elétrico capaz de "ler nossa mente", captando os sinais elétricos que passam no couro cabeludo. Para acender a luz na cozinha, por exemplo, basta colocar o capacete, imaginar algum sinal previamente programado, como movimentar a mão direita, e o interruptor é acionado. Pode-se

87. fatosdesconhecidos.com.br/e-possivel-conectar-um-cerebro-humano-internet/
88. exame.abril.com.br/ciencia/macaco-usa-mente-controla-e-sente-avatar/
89. g1.globo.com/jornal-nacional/noticia/2010/12/pesquisadores-brasileiros-criam-capacete-capaz-de-ler-pensamentos.html

comprar um capacete desses, *online*, por meros quatrocentos dólares[90].

No início de 2015, centenas de trabalhadores no centro de alta tecnologia Epicenter, em Estocolmo, Suécia, tiveram *microchips* implantados nas mãos. Com o tamanho aproximado de um grão de arroz, esses *chips* armazenam informações de segurança personalizadas que permitem aos trabalhadores abrir portas e operar fotocopiadoras com um movimento das mãos.[91]

Mas, apesar de todas as reviravoltas tecnológicas, econômicas, sociais e políticas que fizeram parte da história humana, algo nunca mudou: a humanidade em si mesma.

Apesar da atual sociedade ser muito diferente daquela dos tempos bíblicos, a mente humana - ou seja, nosso espírito - não se alterou. Por isso ainda conseguimos nos reconhecer como "humanos" nas páginas da Bíblia ou nos textos da filosofia socrática, expandidos por Platão. Esses clássicos foram criados por humanos como nós - quiçá por nós mesmos em encarnações pregressas -, e sentimos que eles falam a nosso respeito. Em produções teatrais modernas, *Édipo*, *Hamlet* e *Otelo*, poderiam vestir *jeans* e camisetas e ter contas no Facebook, mas seus conflitos emocionais seriam os mesmos dos da peça original.

No entanto, nós não sabemos se a tecnologia material ou a tecnologia espiritual será capaz de promover alguma reengenharia nas mentes humanas. A obra *Transição planetária*, que comentamos anteriormente, traz a revelação assustadora de que já estão nascendo entre nós, através de técnicas da engenharia genética, como os bebês de proveta ou as inseminações artificiais, seres provenientes de outras galáxias e que talvez

90. huffingtonpost.com/2012/11/20/mindcontrol-how-eeg-devices-read-brainwaves_n_ 2001431.htmlneurosky.com/
91. ibtimes.co.uk/stockholm-office-workers-epicenter-implantedmicrochips-pay-their-lunch-1486045

tenham uma forma de pensar muito diversa do que consideramos "humano".

A forma como esses seres raciocinam ou sentem pode implementar o DNA humano nas próximas centenas de anos. E nossos futuros corpos físicos poderão ter conexões neurais ou mecanismos endocrinológicos mais bem elaborados do que o ser humano atual dispõe. Talvez nosso cérebro funcione mais rápido e nossos instintos sejam minimizados, reduzindo, por exemplo, a adrenalina em momentos de raiva ou pânico e venhamos a nos tornar "biologicamente" mais pacíficos. O ser humano como conhecemos pode dar lugar a um ser incompreensível para pessoas, como nós, do século XXI.

E, por mais que soe ingênuo, o sucesso monumental de filmes como *X-Men, Os Vingadores* ou mesmo o imbatível *John Wick*, talvez seja um reflexo dessa nova supertendência. *Capitão América* foi criado através de um composto bioquímico; *Hulk* e *Capitã Marvel*, por exposição à radiação. *Visão* representa o futuro da *IA*.

Mas não seriam os próprios médiuns um sinal dos tempos, um caminho evolutivo para a humanidade? Ver o futuro, ler mentes, levitar, movimentar objetos sem tocá-los, projeção astral, materialização, teletransporte de objetos, manipulação do clima, curas "milagrosas" e um sem-número de fenômenos não puderam ser realizados por pessoas simples, em experiências realizadas ou observadas por Allan Kardec e vários de seus contemporâneos?

O *Dr. Estranho* é – pasmem – um médium. Desdobra-se, vê o futuro, realiza fenômenos. Os cavaleiros Jedi, de *Star Wars*, são um exército de médiuns buscando a paz na galáxia. Talvez o ser humano do futuro não realizará videoconferências com outro país via materialização holográfica, utilizando uma espécie de Skype 3D, como em *Star Wars*, mas, com o avanço da mediunidade, possamos nos materializar mentalmente sem equipamento algum em vários lugares ao mesmo tempo. Talvez nem precisemos mais desse tal capacete elétrico para acender a luz da cozinha. Será uma capacidade naturalmente humana.

E a possibilidade de super-humanos andando entre nós assusta muita gente. Na verdade, quando Allan Kardec nos trouxe a informação de que poderiam haver entre nós, na rua ou almoçando no mesmo restaurante, os agêneres[92], espíritos materializados que se confundiam com encarnados[93], os próprios espíritas acharam que era informação demais para ser assimilada e esse assunto até hoje é minimamente - ou nunca - discutido nos círculos doutrinários.

Ainda hoje os espíritas têm dificuldade em entender que a mediunidade é orgânica e faz parte do DNA do médium. Uma faculdade como a visão, o tato ou o paladar. E isso assusta, porque, do ponto de vista doutrinário, é como um ser humano com mais capacidades do que outros. Desde o princípio dos tempos os seres humanos têm dois olhos. Mas o médium não; ele tem mais. Ele vê de longe, ele vê o futuro, ele vê o que você não quer mostrar e às vezes ele vê com um toque. E isso assusta muita gente, como sempre assustaram os médiuns da antiguidade: magos, feiticeiras, oráculos, oniromantes, adivinhos, benzedoras e milagreiros. As atrocidades cometidas pela Inquisição são um reflexo desse medo irracional.

É um temor muito comum o de nos tornarmos irrelevantes. É isso que tememos coletivamente, como espécie, quando ouvimos falar de super-humanos. É o mesmo motivo pelo qual muitos espíritas temem os médiuns e tentam controlá-los o máximo possível, tolhendo-lhes o próprio desenvolvimento em nome da "disciplina", quando, na verdade, querem usar o nome "medo".

---

92. Agênere (Do grego - *a*, privativo, e - *géiné, géinomai*, gerar; que não foi gerado.) - Modalidade da aparição tangível; estado de certos espíritos, quando temporariamente revestem as formas de pessoa viva, a ponto de produzirem ilusão completa.
93. *O Livro dos Espíritos*, de Allan Kardec, capítulo 7, item 125.

Sabemos que a disciplina é fundamental, mas a disciplina que instrui, educa e desenvolve, e não a que prende. A disciplina precisa levar ao discernimento[94], à eficiência[95] e ao êxito[96], como assevera o espírito André Luiz.

Ninguém quer se sentir um *neandertal* em meio ao *homo sapiens*. Não teríamos uma sensação de pertencimento. No entanto, o mundo como o entendemos hoje pode entrar em colapso em algumas décadas. Há 25 anos quem sabia o que é *internet*? Quem sabe o que se vai passar em 25 anos a partir de agora?

Quando nos damos conta da rapidez com que nos aproximamos do "desconhecido", imaginamos como será o mundo de regeneração que virá. Os desafios da "subida" da Terra na hierarquia planetária já estão se mostrando extremamente complexos. Ninguém é capaz de predizer com certeza para onde estamos indo nessa carreira desabalada. Temos apenas pistas e ficamos felizes em dizer: são extremamente otimistas.

Mas uma coisa é certa, se alguém de algum modo conseguir pisar nos freios do progresso, tanto a sociedade quanto a economia entram em colapso. Há muito tempo, demos partida no motor do progresso. E agora é o progresso que nos leva, pois o progresso é uma lei divina. A cada dia, mais pessoas encarnam, mais empregos precisam ser gerados, mais médicos precisam se formar, mais professores são necessários, mais produtos são vendidos. Os novos reencarnantes querem TVs, *smartphones*, casas e carros.

É por isso que o capitalismo nos incentiva a buscar mais e mais. E se nosso vizinho é mais inteligente que nós, ele pode pegar nossa vaga; por isso precisamos ser tão inteligentes quanto ele ou até mais. Se nossa saúde vai mal, nosso patrão pode nos

---

94. *Conduta espírita,* pelo espírito André Luiz, psicografado por Francisco Cândido Xavier e Waldo Vieira, capítulo 38.
95. *Idem,* capítulo 28.
96. *Ibidem,* capítulo 3.

trocar por uma pessoa mais saudável, como se troca o pneu de um carro; por isso precisamos estar saudáveis sempre. Se somos desonestos, podemos ser presos e acabam-se todos os sonhos. É a destinação da Terra se desenhando. Mas, como muitos podem estar interpretando, esse futuro não é o da competição extrema, mas o da autossuperação constante.

Uma economia construída sobre um crescimento perpétuo - ou seja, um progresso perpétuo - apresenta uma necessidade interminável de projetos. Quando se desenvolvem pernas biônicas que permitem a paraplégicos caminhar novamente, a mesma tecnologia pode ser utilizada para aprimorar pessoas saudáveis. Quando se descobre como deter a perda de memória dos idosos, os mesmos tratamentos podem ser aplicados para melhorar a memória dos jovens. Não existe uma linha que separa claramente a cura do aprimoramento. Tudo que está ruim pode ficar bom, e o que já é bom pode ficar excepcional.

A cirurgia plástica moderna surgiu na Primeira Guerra Mundial, quando Harold Gillies começou a tratar de lesões faciais no Hospital Militar de Aldershot. Quando a guerra terminou, os cirurgiões descobriram que aquelas técnicas poderiam tornar narizes perfeitamente saudáveis, porém feios, em órgãos mais bonitos.

Embora a cirurgia continuasse a ajudar os doentes e os lesionados, cada vez mais atenção foi dedicada ao aprimoramento dos saudáveis. Atualmente, os cirurgiões plásticos faturam milhões com o claro objetivo de aprimorar os sadios e embelezar quem puder pagar. Nós brasileiros já somos os vice-campeões mundiais em cirurgia plástica[97] e campeões em tratamento dentário no mundo[98].

97. vidasaudavel.gazetaesportiva.com/bem-estar/brasil-e-o-segundo-no-ranking-mundial-de-cirurgias-plasticas/
98. cliqueabc.com.br/brasil-tem-o-maior-numero-de-dentistas-do-mundo-frente-dos-eua-e-paises-europeus/

Mas nosso corpo físico é um amálgama de resgates de erros passados, combinação genética e sentimentos do espírito reencarnante, como o remorso ou o medo. Essa questão é exaustivamente abordada por André Luiz em obras como *Evolução em dois mundos* e *Missionários da luz*, psicografados por Francisco Cândido Xavier[99], em várias partes.

Um outro tipo de ação, motivada pelo avanço tecnológico em busca da melhoria da qualidade de vida das pessoas, acontece em vários países europeus, onde a gravidez pode ser "interrompida", caso seja identificada alguma má-formação fetal[100].

Do ponto de vista espírita, a interrupção da gravidez nos países europeus pode estar criando uma sociedade artificialmente mais saudável, com menos deficientes físicos. Mas isso não quer dizer que estejam eliminando o problema; apenas o jogaram no colo de outro. Os anencéfalos e outros deficientes "europeus" estão nascendo em outro lugar, pois o problema que esses fetos carregam não é físico, mas espiritual, e o espírito que necessita de reajuste irá consegui-lo em outro local.

99. Na obra *Evolução em dois mundos*, André Luiz utilizou-se de dois médiuns: Chico Xavier e Waldo Vieira. Um psicografava os capítulos pares; o outro, os ímpares. (**Nota do Revisor**).
100. conjur.com.br/2012-abr-12/maioria-paises-europeus-permite-aborto-feto-anencefalo

Capítulo 10

A prova do livre-arbítrio

DURANTE O ADVENTO do Cristo, fomos convocados à observância moral de nossos atos: "A cada um segundo as suas obras"[101], pondo em nossas próprias mãos o veredito sobre o juízo final de nossos atos. O livre-arbítrio é o poder que cada indivíduo tem de escolher suas ações e caminho a seguir. É um direito constitucional e é um direito divino.

E, segundo os ideais liberais, mesmo influenciados por forças externas e eventos casuais, ao final, cada um de nós toma as próprias decisões. Por essa razão, o liberalismo dá tanta importância a seguir nosso coração e ir atrás daquilo que nos faz sentir bem.

No século XVIII, o *homo sapiens* se parecia com uma misteriosa caixa-preta, cujo funcionamento interno estava além de nossa percepção. Quando um homem comia uma maçã, os antigos estudiosos justificavam o fato apenas dizendo: "Ele estava faminto e quis comer uma maçã para saciar a fome".

No decorrer do século passado, quando os cientistas materialistas abriram a caixa-preta do *sapiens*, acharam lá genes, hormônios e neurônios que obedecem às mesmas leis físicas e

101. Mateus 16:27.

químicas que governam o resto do mundo físico. Hoje, quando um homem come uma maçã, estudiosos explicam que "a grelina, hormônio liberado pelo estômago em condições de jejum, age diretamente no cérebro fazendo com que a sensação de fome seja ativada. Ao ingerir a maçã, ocorre redução da secreção desse hormônio, pois o trato gastrintestinal possui células enteroendócrinas capazes de secretar hormônios anorexígenos através do estímulo do alimento no lúmen intestinal, regulando o processo digestivo e atuando no sistema nervoso central para estimulação da saciedade".

Pensando dessa forma, os processos no cérebro que resultam em comer uma maçã fazem parte de uma reação em cadeia de eventos bioquímicos que, em tese, não seriam processos "livres". Daí, segundo a visão materialista da ciência, a fome é fruto do determinismo orgânico - ou seja, seu corpo precisa do alimento - e a maçã é fruto da aleatoriedade - já que, em vez de maçã o homem poderia ter outra coisa qualquer à mão, como uma pera ou uma lasanha.

Segundo o que sabemos, as escolhas que os animais fazem - de moradia, de comida ou de parceiros - refletem seu código genético, que se manifesta em seu comportamento na forma de instintos. Graças ao instinto, um animal opta por comer algo nutritivo e copular com parceiros saudáveis e férteis, e dessa forma seus genes são transmitidos à próxima geração.

Mas por que eu como uma maçã no café da manhã e não abóbora? Por que quero comprar o automóvel vermelho e não o preto? Por que prefiro dar meu voto a um partido de direita e não a um de esquerda? Eu *realmente* escolho alguma dessas vontades?

Poderíamos replicar que, no caso de grandes decisões, como a de eleger um governo, nossa escolha não reflete um sentimento momentâneo, e sim uma longa e racional avaliação. No entanto, outras pessoas também estão fazendo longas e racionais avaliações e estão tomando decisões totalmente diferentes. Assim, alguns estão votando na esquerda, outros na direita, outros ainda nos partidos de centro, ou simplesmente anulando o voto.

O que me fez embarcar numa linha de raciocínio e não em outra? Posso ser compelido por processos determinísticos a entrar numa linha de raciocínio, mas não escolho "livremente" ter os pensamentos que me farão votar em alguém de direita. Pelo menos não uma liberdade absoluta. Na verdade, a crença no livre-arbítrio é um quebra-cabeças que vamos começar a montar agora.

Na próxima vez em que um pensamento surgir na sua cabeça, pare e pergunte a si mesmo: "Por que me ocorreu este pensamento específico? Será que eu decidi um minuto atrás ter esse pensamento, e só então o pensei? Ou ele simplesmente surgiu na minha cabeça, sem minha permissão ou instrução? Se realmente sou o senhor de meus pensamentos e minhas decisões, posso decidir não pensar sobre absolutamente nada durante os próximos sessenta segundos?" Tente isso e veja o que acontece. Duvidar do livre-arbítrio não é apenas um exercício filosófico. Existem implicações práticas.

Desde o século XIX Allan Kardec vem estudando os princípios imateriais sob os quais estamos submetidos, sobretudo quando lidamos com o pensamento. André Luiz escreveu um livro que trata quase exclusivamente sobre o pensamento em nível quântico, chamado *Mecanismos da mediunidade,* psicografado por Francisco Cândido Xavier.

O espiritismo entende que, sobre nossos desejos, nossas vontades, nossas tendências, aptidões e decisões influem basicamente quatro grandes forças:

1 - Planejamento reencarnatório - Essa questão é das mais sérias, pois em grande parte das vezes, quando temos condições, somos nós que planejamos como será nossa próxima experiência na carne estando no mundo espiritual, antes do nascimento. Dessa forma, na existência atual, estamos sob o jugo do livre-arbítrio que exercemos estando *desencarnados*, que nos definiu o caráter das provas ou expiações que enfrentamos hoje. Essa questão tem sido debatida exaustivamente em vários círculos de estudos doutrinários e há uma certa concordância sobre termos um livre-arbítrio limitado enquanto encarnados, uma liberdade cerceada, em respeito a uma programação prévia. Esse tema é exaustivamente abordado em obras de André Luiz, psicografadas por Francisco Cândido Xavier, como *Nosso Lar, Missionários da luz* ou *Entre a Terra e o Céu*.

2 - Experiências de outras encarnações - Já tivemos milhares de encarnações. Um cálculo superficial, tendo por base que mal vivíamos até os 40 anos de idade até pouco tempo atrás, e que os primeiros hominídeos - praticamente simiescos - apareceram por volta de 6 milhões de anos atrás, nos dá a conta de cerca de 156 mil encarnações, apenas no estado hominal, do mais primitivo ao *homo sapiens*. São muitas experiências acumuladas que, através de nosso subconsciente, influenciam a maneira que pensamos e agimos hoje. Somos um espelho vivo de nosso passado. Praticamente é esse acúmulo de experiências que nos definem como pessoas mais calmas ou agitadas, mais inclinadas à matemática que geografia, mais talentosas para a pintura que o violão, mais ou menos afeitas à leitura e até em nossa orientação sexual. Enquanto encarnados, esse cabedal de "instruções" que herdamos fica relegado ao subconsciente, agindo como uma espécie de copiloto de nossos pensamentos e ações.

3 - Experiências da atual encarnação - Às tendências que trazemos de outras encarnações, soma-se o aprendizado desta existência. Adquirimos novos valores, novos conhecimentos e nos reinventamos. Em resumo, acumulamos mais experiências, que vão corrigir más tendências anteriores, reparar erros que cometemos, aprender aquilo que não podemos ou não quisemos. Uma grande parte dessas experiências não é consciente, é absorvida por nós quando crianças, e mais tarde essas experiências se tornam elementos formadores de nosso caráter, sem que percebamos, mas que influenciam decisivamente nossos sentimentos ou tomadas de decisão quando adultos.

4 - Influência espiritual - Somos todos médiuns, já asseverava Kardec, na segunda metade do século XIX. Como nossos corpos são corpos, digamos, "mediúnicos", capazes de obedecer aos comandos de nosso espírito, ele também está mais do que apto a captar influências e até comandos das entidades desencarnadas que nos cercam. Resta, a nós, saber a quem vamos dar ouvidos: se a nossos amigos, que nos querem bem e nos orientam a um melhor caminho, ou a entidades perniciosas, os famosos obsessores, inimigos que conquistamos em outras encarnações e até que desencanaram nessa mesma ou mesmo outros espíritos que veem em nós uma forma de satisfazer seus vícios ou atingir objetivos pessoais através de instrumentos encarnados.

5 - Química - Por se tratar de um tema mais ou menos novo, o espiritismo, sobretudo representado nos autores clássicos, não dispõe de muitas fontes que irão tratar desse tema de maneira recorrente. No entanto, não há como negar que milhões de pessoas no mundo todo estão vivendo sob o impulso de ativos químicos que têm mudado sua maneira de agir e pensar. São toneladas de drogas produzidas pela indústria farmacêutica todos os anos, como ansiolíticos à base de benzodiazepinas ou antidepressivos à base de cloridrato de fluoxetina que estão mudando o modo como as pessoas interpretam a realidade. Há os alcoólatras e toxicômanos, presos a drogas legais, como o álcool e o tabaco, ou até mesmo às ilegais, como cocaína e maconha. Como falar em livre-arbítrio para uma pessoa que se desespera ao perceber que só há mais um cigarro no maço ou só mais um comprimido na caixa? Basicamente, a vida de quem depende de substâncias químicas, não importando se são drogas medicamentosas ou drogas ilícitas, gira em torno do consumo dessas substâncias.

Mas há outros meios de se controlar o desejo em ação. Façamos uma visita ao laboratório da Universidade do Estado de Nova York que usa ratos-robôs[102]. Um rato-robô é um rato comum com uma mudança: cientistas implantaram eletrodos nas áreas sensoriais e de recompensa de seus cérebros. Isso lhes possibilita monitorar os ratos por controle remoto, fazendo irem para a esquerda ou para a direita, subir escadas, farejar montes de lixo e coisas que ratos normalmente não gostam de fazer, como pular de grandes alturas. Exércitos e corporações manifestaram grande interesse nos ratos-robôs, na esperança de que possam se mostrar úteis em muitas situações, como, por exemplo, ajudar a descobrir sobreviventes presos sob os escombros de prédios que desabaram, localizar bombas e armadilhas explosivas e mapear túneis subterrâneos e cavernas.

Experimentos realizados com seres humanos indicam que, assim como os ratos, pessoas também podem ser manipuladas e que é possível criar ou extinguir sentimentos complexos como amor, raiva, medo e depressão, estimulando os pontos certos no cérebro humano, em experimentos realizados em Jerusalém, no Hospital Hadassah[103] utilizando um capacete com eletrodos. Militares nos Estados Unidos começaram recentemente a fazer experimentos mediante a implantação de *chips* de computador no cérebro, na expectativa de usar esse método para tratar soldados que sofrem de transtorno de estresse pós-traumático[104].

---

102. istoe.com.br/22122_RATO+ROBO/
103. *Outside of the Cuckoo's Nest*, de Smadar Reisfeld publicado em Haaretz, 6 de março de 2015. Link não está mais disponível. **Nota do autor**.
104. fusion.net/story/204316/darpa-is-implanting-chipsin-soldiers-brains/theverge.com/2014/5/28/5758018/darpa-teamsbegin-work-on-tiny-brain-implant-to-treat-ptsd

Alguns experimentos realizados no Diretório de Eficácia Humana, localizado numa base da Força Aérea Americana em Ohio, indicam que o método pode realmente melhorar a capacidade cognitiva de operadores de drones, controladores de tráfego aéreo, atiradores de elite e outros profissionais cujos deveres requeiram extrema atenção durante períodos extensos[105]. Sally Adee, uma jornalista da *New Scientist*, sem treinamento militar, foi conectada ao capacete; ela acertou os inimigos em uma simulação, um por um, fria e metodicamente, sem perder a calma[106].

Em tese, no futuro, poderíamos conectar um plug em nossa cabeça, e, via *bluetooth*, emitir sinais ao nosso cérebro com um *smartphone*, selecionando as necessidades que precisamos atender por meio de um aplicativo (APP). Mais concentração para estudar, tecle 1; menos fome, tecle 2; mais paciência, tecle 3; técnicas de manicure, tecle 5.

No entanto, as últimas décadas assistiram a um avanço imenso na inteligência de computadores e atualmente estão em desenvolvimento novos tipos de inteligência artificial capazes de realizar tarefas que exigem alto grau de inteligência, como jogar xadrez, dirigir automóveis, diagnosticar doenças ou identificar criminosos.

Quando solicitamos um táxi, por exemplo, o que queremos é ir de um ponto A a um ponto B rapidamente, com segurança, e ao menor custo possível. O carro autônomo poderá estar apto a realizar essa tarefa tão bem ou até melhor do que um motorista humano[107]. E se dermos a algoritmos de computador um monopólio do trânsito, poderemos então conectar todos os veículos a

105. newsweek.com/2014/03/14/us-military-leads-quest-futuristic-way sboost-iq-247945.html
106. newscientist.com/article/mg21328501.600–zap-y our-brain-into-thezone-fast-track-to-pure-focus.html
107. quatrorodas.abril.com.br/tudo-sobre/carro-autonomo/

uma única rede, fazendo com que acidentes de carro sejam muito menos prováveis.

A maior parte das transações financeiras na atualidade já é gerenciada por algoritmos de computador, que podem processar em um segundo mais dados do que um humano em um ano. E que podem reagir aos dados mais rapidamente do que um humano é capaz de piscar.

Companhias, como a Mindojo[108], estão desenvolvendo algoritmos interativos que, além de ensinar várias disciplinas, também nos estudam e descobrem como nos comportamos, o que eles chamam de Tutor AI Privado.

E, talvez, nem precisemos aprender tantas disciplinas em um mundo com equipamentos tão inteligentes. Em 1966 estreou na televisão norte-americana a série futurista *Star Trek*, por Gene Roddenberry. Entre os personagens da franquia havia o Dr. Leonard H. "Magro" McCoy, um médico que operava um aparelho que funcionava como um *scanner*, do tamanho de um *smartphone*, capaz de realizar diagnósticos imediatos e ainda operar tratamentos com um simples aperto de botão. Logo poderemos ver muitos McCoys por aí, médicos que se beneficiariam dos algoritmos.

A gigante IBM está aprimorando um sistema de inteligência artificial[109], chamado *Watson*, pensado inicialmente para negócios, mas, com o avanço, espera-se que possa ser utilizado desde o atendimento a clientes até o combate a doenças, já que pode armazenar informações sobre todas as doenças conhecidas e atualizar seus bancos de dados diariamente. Em um experimento recente, um algoritmo de computador diagnosticou corretamente 90% de casos de câncer de pulmão entre os que lhe foram apresentados, enquanto médicos humanos tiveram êxito em apenas 50% deles[110].

108. mindojo.com/
109. https://pt.wikipedia.org/wiki/Watson_(supercomputador)
110. wired.co.uk/news/archive/2013-02/11/ibmwatson-medical-doctor

O modo como a medicina vem sendo praticada atualmente vai mudar radicalmente em alguns anos, e a tendência é que os médicos se tornem cada vez mais dependentes de computadores e periféricos para a emissão de simples diagnósticos - o que não é mal! E levante a mão quem for pai ou mãe e nunca recebeu um diagnóstico errado de um pediatra sobre uma enfermidade totalmente banal.

E o que vale para médicos, serve para farmacêuticos. Em 2011, foi aberta em San Francisco uma farmácia operada por um único robô. O robô, de posse de todas as receitas do cliente e informações sobre outros medicamentos que ele toma e suas alergias, se assegura de que as novas receitas não causarão nenhuma reação adversa e, por fim, fornece ao cliente a droga requerida. No primeiro ano de operação, o farmacêutico robótico atendeu a 2 milhões de receitas, sem cometer um único erro. Na média, farmacêuticos de carne e osso cometeram erros em 1,7% das receitas. Só nos Estados Unidos isso representa anualmente mais de 50 milhões de erros em receitas.[111]

Programas como o *Google DeepMind*, ou seu sucessor, o *AlphaGo*, aprenderam sozinhos a jogar vários jogos[112], tornando-se imbatíveis ao criar lances pouco ortodoxos e usar estratégias originais.

Em 2002, Billy Beane[113] utilizou um algoritmo de computador desenvolvido por economistas para criar um time de beisebol vencedor com jogadores subestimados pelos olheiros humanos. Os veteranos do ramo ficaram admirados, pois, identificar jogadores promissores é considerado uma arte que somente humanos com uma longa experiência com o esporte seriam capazes de

111. pharmaceutical-technology.com/projects/ucsf-robotic-pharmacy-san-francisco/
112. *Go* é um antigo jogo de estratégia chinês, muito mais complicado que o xadrez. Por muito tempo foi considerado fora do alcance das inteligências artificiais.
113. Gerente do Oakland Athletics, um time de baixo orçamento.

dominar. O time "algorítmico" e "econômico" de Beane não só se saiu bem contra gigantes do beisebol, como os New York Yankees, como se tornou o primeiro time da Liga Americana a vencer vinte jogos consecutivos. Essa história deu origem ao filme *O homem que mudou o jogo*, com Brad Pitt no papel de Billy Beane.

De fato, com o passar do tempo torna-se cada vez mais fácil substituir tarefas humanas por algoritmos de computador, não só porque estes estão ficando mais espertos, como também porque os humanos estão se especializando. Os antigos caçadores-coletores dominavam grande variedade de aptidões para poderem sobreviver, como preparar pontas de lança de pedra de sílex, achar cogumelos comestíveis numa floresta, rastrear um mamute e coordenar um ataque com uma dúzia de outros caçadores, e depois como utilizar ervas medicinais para tratar uma ferida. No entanto, nos últimos milhares de anos nós nos especializamos. Um motorista de táxi ou um cardiologista se especializou num nicho muito mais estreito do que o de um caçador-coletor, o que facilita que sua atividade possa ser exercida pela inteligência artificial.

Graças a seus poderosos algoritmos, a Uber é capaz de gerenciar milhões de taxistas empregando apenas alguns humanos. A maioria dos comandos é acionada pelos algoritmos sem necessidade de supervisão humana.

Em maio de 2014, a Deep Knowledge Ventures - uma firma de capital de risco de Hong Kong especializada em medicina regenerativa - abriu novos caminhos ao nomear para seu conselho diretor um algoritmo chamado *Vital*, capaz de recomendar investimentos por meio da análise de uma quantidade enorme de dados sobre a situação financeira, experimentos clínicos e propriedade intelectual de companhias que estão sendo avaliadas.

David Cope é professor de Musicologia na Universidade da Califórnia, em Santa Cruz. É também uma das figuras mais controversas no mundo da música clássica. Cope é o autor de programas que compõem concertos, corais, sinfonias e óperas, com o *EMI* (*Experiments in Musical Intelligence*), especializado em imitar o estilo de Johann Sebastian Bach, capaz de compor 5 mil corais em um único dia. Cope organizou a apresentação de alguns corais selecionados num festival de música em Santa Cruz. Pessoas que assistiram, entusiasmadas, louvaram a maravilhosa apresentação, o que o motivou a lançar um disco, que vendeu surpreendentemente bem. Também criou *Annie*, que compõe baseando-se em aprendizado, e, por isso, seu estilo musical muda constantemente, mas que não se restringe à música e explora também outras formas de arte, como a poesia. Em 2011 Cope publicou um livro de poesias, algumas escritas por *Annie*, e outras, por poetas humanos[114]. Ninguém conseguiu diferenciá-las.

Em setembro de 2013, dois pesquisadores de Oxford, Carl Benedikt Frey e Michael A. Osborne, publicaram *The future of employment*[115], obra na qual investigam a probabilidade de diferentes profissões serem assumidas por algoritmos de computador nos próximos vinte anos. O algoritmo desenvolvido por Frey e Osborne estimou que 47% dos empregos nos Estados Unidos correm alto risco, como operadores de telemarketing e corretores de seguros, que deverão perder seus empregos para algoritmos em alguns anos. Evidentemente, há alguns empregos seguros. A probabilidade de que algoritmos de computador desempreguem arqueólogos é de apenas 0,7%, porque seu trabalho requer o reconhecimento de padrões altamente sofisticados e não produz grandes lucros.

O objetivo desse capítulo é apenas o de trazer à pauta das discussões uma série de desenvolvimentos tecnológicos que estão –

114. *Comes the Fiery Night*: 2,000 Haiku by Man and Machine, D. H. Cope.
115. ttps://oxfordmartin.ox.ac.uk/downloads/academic/The_Future_of_Employment.pdf

ou estarão – auxiliando os seres humanos não só no desempenho de suas atividades, mas, principalmente, a tomar melhores decisões, seja no trânsito, no esporte, na saúde, na arte e em vários outros campos da manifestação humana.

Atualmente, em todo o movimento espírita organizado, tem-se falado muito sobre a necessidade da "reforma íntima", que consiste, basicamente, em uma maior moralização cristã dos nossos atos. Em breve os algoritmos poderão nos auxiliar nesse processo, monitorando cada um dos sistemas que compõem nosso corpo e nosso cérebro. Poderiam saber, por exemplo, como nos sentimos e o que queremos.

E isso não é necessariamente uma notícia ruim. Diabéticos já carregam consigo sensores que automaticamente verificam seu nível de açúcar várias vezes por dia, alertando-os sempre que o nível ultrapassa um limiar perigoso. Em 2014, pesquisadores da Universidade Yale anunciaram a primeira tentativa bem-sucedida de um pâncreas artificial ligado a um *iPhone*, que controlava a injeção de insulina ou de glucagon[116] de acordo com um sensor que media constantemente o nível de açúcar e lhe transmitia a informação.

Muitas pessoas que não padecem de doenças sérias começaram a utilizar sensores "vestíveis" e computadores para monitorar sua saúde e suas atividades. Os dispositivos – incorporados em suportes que vão de *smartphones* a relógios de pulso, de braçadeiras a roupas íntimas – registram diversos dados biométricos, como a pressão sanguínea, por exemplo. Google e o gigante farmacêutico Novartis estão desenvolvendo lentes de contato que verificam os níveis de glicose no sangue, testando

116. g1.globo.com/bemestar/noticia/2014/06/pancreas-bionico-feito-com-iphone-combate-diabetes-com-eficacia.html

lágrimas[117]. A Pixie Scientific vende "fraldas inteligentes", que analisam as fezes do bebê em busca de pistas sobre sua condição médica. A Microsoft lançou a *Microsoft Band*, uma braçadeira inteligente que monitora, entre outros aspectos, a frequência cardíaca, a qualidade do sono e o número de passos que uma pessoa dá a cada dia. Um aplicativo chamado *Deadline* vai além e informa, teoricamente, quantos anos de vida lhe restam, com base em seus hábitos atuais.

Suponha que você queira aproveitar algumas horas livres por semana e está em dúvida se as usa para ler ou ir à academia. Alguém poderia lhe dizer algo óbvio, como "faça o que te deixa mais feliz" ou "faça o que tem mais vontade de fazer"; outros poderiam aconselhar: "se estiver acima do peso vá malhar; do contrário, leia, que isso te tornará mais inteligente". No entanto, a recomendação de seu APP médico seria ler, pois, em sua família, a demência é muito comum - seu tio a teve muito jovem -, e estudos recentes indicam que ler, estudar e aprender coisas novas podem ajudar a postergar o início da demência. E, mesmo se você for espírita, nada de ser tentado a ignorar o histórico genético de sua família, já que André Luiz diz que, apesar de nossas provas e expiações serem resultado de nossos próprios atos, uma pitada generosa de DNA familiar foi usada para temperar nosso corpo físico[118].

Em 2013, a atriz Angelina Jolie publicou um artigo no *New York Times* sobre sua decisão de fazer uma mastectomia dupla. Jolie vivera anos sob a sombra ameaçadora de um câncer de mama, pois tanto sua mãe como sua avó morreram relativamente jovens por causa dessa doença. A própria Jolie tinha passado

---

117. g1.globo.com/ciencia-e-saude/noticia/2014/07/conheca-lente-de-contato-que--controla-diabetes.html

118. *Evolução em dois mundos*, de André Luiz, psicografado por Francisco Cândido Xavier, Predisposições mórbidas. Essa obra contou ainda com o médium Waldo Vieira.

por um teste genético que demonstrou ser ela portadora de uma perigosa mutação do gene BRCA1. Segundo pesquisas estatísticas recentes, mulheres portadoras dessa mutação apresentam 87% de probabilidade de desenvolver câncer de mama. No artigo, Jolie explica: "Decidi não manter minha história na privacidade porque há muitas mulheres que ignoram a possibilidade de estarem vivendo à sombra do câncer. Minha esperança é de que elas, também, possam fazer o teste genético e que, se estiverem na faixa de alto risco, saibam que dispõem de opções fortes"[119].

É claro que as emoções de Jolie e sua personalidade única tiveram parte nisso. Outra mulher, com uma personalidade diferente, que descobrisse ser portadora da mesma mutação genética, poderia muito bem decidir não se submeter a uma mastectomia.

Como saber quem estaria certa nessa história? André Luiz esclarece:

> Tais enquistações de energias profundas, no imo de nossa alma, expressando as chamadas dívidas cármicas, por se filiarem a causas infelizes que nós mesmos plasmamos na senda do destino, são perfeitamente transferíveis de uma existência para outra. Isso porque, se nos comprometemos diante da lei divina em qualquer idade da nossa vida responsável, é lógico venhamos a resgatar as nossas obrigações em qualquer tempo, dentro das mesmas circunstâncias nas quais patrocinamos a ofensa em prejuízo dos outros. É assim que o remorso provoca distonias diversas em nossas forças recônditas, desarticulando as sinergias do corpo espiritual, criando predisposições mórbidas para essa ou aquela enfermidade, entendendo-se, ainda, que essas desarmonias são, algumas vezes, singularmente agravadas

119. Www.bbc.com/portuguese/noticias/2013/05/130514_angelina_jolie_retirada_seios_rw

> pelo assédio vindicativo dos seres a quem ferimos, quando imanizados a nós em processos de obsessão. Todavia, ainda mesmo quando sejamos perdoados pelas vítimas de nossa insânia, detemos conosco os resíduos mentais da culpa, qual depósito de lodo no fundo de calma piscina, e que, um dia, virão à tona de nossa existência, para a necessária expunção, à medida que se nos acentue o devotamento à higiene moral[120].

Basicamente, todos carregamos conosco predisposições orgânicas para uma série de enfermidades. No entanto, o gatilho para que se manifestem está intimamente ligado aos nossos sentimentos e hábitos morais. É claro que uma alimentação saudável e cuidados com a saúde são fatores importantes para o bem-estar do indivíduo e na prevenção de enfermidades. Mas o estado mental é o fator determinante. Não foi sem razão que Allan Kardec indagou às entidades invisíveis, na questão 196 de *O Livro dos Espíritos*:

> É o corpo que influi sobre o espírito para que este se melhore, ou o espírito que influi sobre o corpo?. E obteve, como resposta: Teu espírito é tudo; teu corpo é simples veste que apodrece. Eis tudo.

---

120. *Evolução em dois mundos*, de André Luiz, psicografado por Francisco Cândido Xavier e Waldo Vieira, capítulo 19.

Capítulo 11

O arrastamento tecnológico

EM 2008, O Google lançou *Flu Trends* e passou a monitorar as palavras que digitamos no navegador e cruzá-las com um banco de dados de sintomas de doenças. Caso sintomas como dor de cabeça, febre, enjoo e coriza apareçam milhares de vezes nas buscas feitas, sabe-se que pode estar havendo uma epidemia de gripe.

Um projeto mais ambicioso é o Google *Baseline Study*, que busca montar uma base de dados sobre a saúde humana, estabelecendo o perfil da "saúde ideal". Isso, espera-se, possibilitará alertar as pessoas sobre o primeiro indício de problemas de saúde, antes de se manifestar. O estudo se encaixa em uma linha de produtos chamados *Google Fit*, os quais serão incorporados em elementos "vestíveis", como roupas, pulseiras, sapatos e óculos, e coletarão um fluxo interminável de dados biométricos. A ideia é que *Google Fit* forneça ao *Baseline Study* os dados de que este necessite.

Outro mercado promissor é o de testes de DNA, que está crescendo exponencialmente. Uma das mais inovadoras é a *23andMe*. Se quiser saber qual serviço ela oferece, basta pagar meros 99 dólares e você receberá um pequeno pacote contendo um tubo. Cuspa dentro do tubo, feche-o bem e o envie para

Mountain View, Califórnia. Lá, o DNA em sua saliva é analisado, e você recebe os resultados *on-line*, contendo uma lista de potenciais riscos de saúde nos quais incorre e de sua predisposição genética para mais de noventa características e condições, desde a calvície até a cegueira.

"Conhece-te a ti mesmo" nunca foi levado tão ao pé da letra como no século XXI. E muitas pessoas ficarão felizes em consultar-se com sistemas com esse grau de "inteligência". Com o passar do tempo, as bases de dados vão aumentar, as estatísticas ficarão mais precisas, os algoritmos mais aprimorados, e as decisões serão ainda melhores.

Um estudo recente encomendado pelo Facebook apontou que o algoritmo dessa rede social conhece mais sobre nós do que a maioria dos amigos e familiares. O estudo foi conduzido com 86.220 voluntários que têm conta no Facebook e que preencheram um questionário com 100 itens sobre sua personalidade. Esse algoritmo previu as respostas dos voluntários com base no monitoramento dos *likes* do Facebook – quais páginas da web, imagens e clipes eles tinham marcado com esse botão. Quanto mais *likes*, mais precisas as predições. As predições do algoritmo foram comparadas com as de colegas de trabalho, amigos, familiares e cônjuges. Incrivelmente, os algoritmos só precisaram de um conjunto de 10 *likes* para superar o conhecimento dos colegas de trabalho; 70, para as dos amigos; 150, para a dos familiares, e 300, para se sair melhor do que os cônjuges. Em outras palavras, se você tiver clicado 300 vezes em *like*, o algoritmo conhece você melhor do que ninguém. Em tese, o Facebook dispõe de dados estatísticos mais refinados do que qualquer instituto de pesquisa no mundo seria capaz de levantar, e poderia, por exemplo, prever quem seria o próximo presidente da República, com pouquíssimas chances de erro. As pessoas poderiam aliar os próprios juízos psicológicos aos computadores para tomar decisões importantes na vida, como a de escolher atividades, carreiras e mesmo parceiros românticos. É possível que essas decisões propiciadas por dados venham melhorar a vida de todos os seres humanos.

Consideremos o caso de um APP simples, como o *Waze* – um sistema de navegação baseado em GPS usado por milhões de motoristas. Seus usuários o atualizam constantemente com informações sobre engarrafamentos, acidentes e a presença de carros da polícia. Por isso, o *Waze* desvia do tráfego pesado e nos leva ao destino pela rota mais rápida. Se teimamos em "desobedecer", acabamos aprendendo que é melhor aceitar a orientação do *Waze* do que seguir as próprias ideias.

Mas não é essa a ideia que fazemos de um oráculo? Perguntamos a ele, meio desconfiados, ora obedecemos, ora não, e, por fim, entendemos que o caminho indicado é melhor do que o nosso próprio.

A Microsoft desenvolveu um sistema muito mais sofisticado chamado *Cortana*, que, aliás, está instalado no *Notebook* que uso enquanto digito este texto. *Cortana* alude a um personagem de inteligência artificial da popular série de videogames *Halo*. É uma assistente pessoal de inteligência artificial que a Microsoft incluiu no *Windows10*. Os usuários são incentivados a permitir que *Cortana* tenha acesso a todos os seus arquivos, *e-mails* e aplicativos, para que possa conhecê-los e oferecer sua assistência em uma gama de assuntos, assim como tornar-se um agente virtual capaz de representar seus interesses.

Mas a *Cortana*, da Microsoft, não está sozinha nesse jogo. *GoogleNow* e *Siri*, da Apple, rumam na mesma direção. A Amazon também emprega algoritmos que estudam o cliente constantemente e usam tais conhecimentos para recomendar produtos. Quando vamos à loja virtual da Amazon, imediatamente aparece um algoritmo recomendando livros que eu possa gostar.

E isso é só o começo. Hoje, nos Estados Unidos, há mais gente lendo livros digitais do que impressos. Dispositivos como o *Kindle*, da Amazon, são capazes de coletar dados de seus usuários enquanto eles estão lendo o livro. Por exemplo, o seu *Kindle* pode monitorar quais partes do livro você lê depressa e quais lê devagar; em que página fez uma pausa e em que frase abandonou o livro para não mais voltar a ele. Logo os livros estarão lendo você, enquanto você os lê.

Eventualmente, poderemos chegar a um ponto em que iremos querer estar cada vez mais conectados a essa rede onisciente. O ciberespaço hoje é crucial em nossa vida cotidiana. Mas você alguma vez foi consultado sobre o que deveria "aparecer" na internet? Na atualidade a internet é uma zona livre e sem lei. Em consequência, governos e ONGs estão promovendo intensos debates sobre a reestruturação da internet, mas é muito mais difícil mudar um sistema existente do que intervir enquanto está sendo concebido. A tartaruga legislativa não é capaz de emparelhar com a lebre tecnológica. Nas próximas décadas, é provável que vejamos mais revoluções como as provocadas pela internet, nas quais a tecnologia vai se antecipar à política.

Manoel Philomeno de Miranda avalia a importância das redes sociais, como o Twitter, no movimento conhecido como a Primavera Árabe[121] e o levante popular contra governos totalitários - como o de Mubarak, no Egito, ou Kadafi, na Líbia -, na obra *Amanhecer de uma Nova Era*, psicografada por Divaldo Pereira Franco. Segundo o autor espiritual, um verdadeiro exército de técnicos do Invisível estão empenhados em implementar cada vez mais a tecnologia web, APPs e algoritmos, sendo que os maiores representantes da tecnologia, como Bill Gates, Mark

121. É o nome dado à onda de protestos, revoltas e revoluções populares contra governos do mundo árabe que eclodiu em 2011. A raiz dos protestos é o agravamento da situação dos países, provocado pela crise econômica e pela falta de democracia.

Zuckerberg e tantos outros, foram habilidosos estudantes que se prepararam durante anos no mundo espiritual, desenvolvendo a tecnologia necessária ao mundo de regeneração e adaptando-a para uso na Terra. E, pelo que parece, o mundo de regeneração será um mundo de conexão extrema.

A maior parte das pessoas no mundo só tem uma noção vaga, se é que tem, do que é a inteligência artificial e do possível impacto dela em nossa vida. É certo, no entanto, que as revoluções tecnológicas vão ganhar impulso nas próximas décadas e colocarão o gênero humano diante de provações complexas. Essa sensação de desorientação e medo quanto ao futuro é intensificada pelo ritmo acelerado do turbilhão tecnológico. As legislações mundiais não conseguem acompanhar a desenvoltura da internet, da mesma forma que não conseguem decidir sobre o melhor caminho da engenharia genética, uso de células-tronco ou da clonagem. Mesmo outras discussões, que carregam algum fundo moral, como o aborto ou a eutanásia, parecem sem fim.

Nos próprios círculos doutrinários espíritas a confusão é incessante. Ao próprio espírita faltam fontes de pesquisa contemporâneas que lhe direcionem ao melhor ponto de vista moral quanto a certas questões inerentes ao século XXI, o que é uma triste constatação, já que nas livrarias espíritas transbordam novas obras que, na prática, muito falam, mas pouco esclarecem. Aparentemente tanto os desencarnados quanto os encarnados temem tocar diretamente nessas "feridas" e tomar partido em alguma discussão contemporânea relevante. Claro que existem exceções, como os espíritos Viana de Carvalho, Manoel Philomeno de Miranda e Joanna de Ângelis, os quais, através da psicografia de Divaldo Pereira Franco, têm nos trazido ótimas revelações e nos dando sólidos direcionamentos dentro de uma visão de mundo bem atualizada.

A outra revolução, gêmea da tecnologia da informação, é a

da biotecnologia. No passado, nós humanos aprendemos a controlar o mundo exterior, mas tínhamos pouco controle sobre o mundo interior. Sabíamos construir uma represa, interromper o fluxo de um rio, domesticar animais, mas a maioria de nós não era capaz de controlar o envelhecimento ou domar os próprios pensamentos e desejos.

As revoluções na biotecnologia e na tecnologia da informação têm nos trazido mais controle sobre o nosso mundo interior, e os ansiolíticos, antidepressivos e a inseminação artificial são um exemplo disso. Estamos dando os primeiros passos para aprender a arquitetar a vida, projetar órgãos e a eliminar pensamentos. E ninguém sabe exatamente quais serão as consequências disso. Em meio ao avanço tecnológico, estamos em um *update* interminável e se não nos atualizarmos seremos pessoas livres, correndo livres numa escuridão sem fim.

E nenhuma sociedade pode mais controlar o avanço tecnológico. Se uma nação proibir que se faça engenharia genética em embriões humanos, isso não impedirá que cientistas em outro país a façam. Para evitar uma corrida ao fundo do poço, o gênero humano provavelmente vai precisar de algum tipo de ética global. E nós, espíritas, precisamos formar uma opinião sobre esses temas o quanto antes, antes que sejamos engolidos pela revolução dos dados.

No dia 2 de junho de 2017, na inauguração da Cúpula de Comunidades[122], em Chicago, Mark Zuckerberg[123] explicou ao mundo que, de acordo com sua visão, os grandes conflitos so-

---

122. oglobo.globo.com/sociedade/zuckerberg-facebook-assume-nova-missao-para-aproximar-mundo-21507035
economia.uol.com.br/noticias/bloomberg/2017/06/23/nova-missao-de-zuckerberg-para-o-facebook-aproximar-o-mundo.htm

123. Mark Elliot Zuckerberg é um programador e empresário norte-americano que ficou conhecido internacionalmente por ser um dos fundadores do Facebook, a rede social mais acessada do mundo.

ciais de nossa época - como o crescimento do vício em drogas e regimes totalitários sangrentos - resultam, em grande medida, da desintegração das comunidades humanas. Lamentou o fato de que há décadas a participação das pessoas em algum grupo diminuiu cerca de 25%, sendo que muitas têm necessidade de encontrar propósito e apoio em algum lugar[124] e que o Facebook iria buscar suprir essa necessidade, como sua nova missão.

Em tese, ainda somos muito parecidos com os humanos da Idade da Pedra. Florescemos na Terra através de núcleos familiares e comunidades íntimas. Allan Kardec era um profundo defensor da união dos espíritas em pequenos grupos como algo imprescindível:

> A dificuldade, ainda grande, de reunir crescido número de elementos homogêneos desse ponto de vista nos leva a dizer que, no interesse dos estudos e por bem da causa mesma, as reuniões espíritas devem tender antes à multiplicação de pequenos grupos do que à constituição de grandes aglomerações. Esses grupos, correspondendo-se entre si, visitando-se, permutando observações, podem, desde já, formar o núcleo da grande família espírita, que um dia consorciará todas as opiniões e unirá os homens por um único sentimento: o da fraternidade, trazendo o cunho da caridade cristã. [...] Ora, vinte grupos, de quinze a vinte pessoas, obterão mais e muito mais farão pela propaganda do que uma assembleia de trezentos ou de quatrocentos indivíduos[125].

124. Uma das promessas do empresário foi a de que o Facebook iria assumir a liderança no resgate das comunidades, lançando ferramentas para facilitar a construção de comunidades, e já havia dado início a um projeto para a melhoria da sugestão de grupos que fossem significativos para o usuário, através de uma IA realmente assertiva. Segundo os dados oficiais, em seis meses houve um aumento de 50% na adesão a grupos pelos usuários da rede.
125. *O Livro dos Médiuns*, de Allan Kardec, capítulo 29, itens 334 e 335.

A tentativa de substituir grupos pequenos de pessoas íntimas por comunidades virtuais, uma associação, um partido político ou mesmo uma casa espírita, tem seu valor, mas não resulta num sucesso total. E fiz questão de colocar a casa espírita nessa posição pois o modelo imaginado por Kardec difere muito do que vemos multiplicar-se por aí. O codificador deixou muito claro na segunda obra básica, *O Livro dos Médiuns*, que os espíritas deveriam se ver como família espírita, e que as instituições espíritas deveriam ser constituídas por pequenos núcleos intimistas, onde todos se conheceriam e poderiam formar vínculos fortes.

As pessoas estão vivendo cada vez mais solitárias num planeta cada vez mais conectado. Muitas das rupturas sociais e políticas de nossa época podem ser atribuídas a esse mal-estar e o que faz a iniciativa do Facebook original, é o fato da IA estar sendo utilizada para engenharia social, com planejamento centralizado, em escala global.

No entanto, se eu estiver doente de cama em casa, no Brasil, meus amigos *on-line* dos EUA podem falar comigo, mas não poderão trazer-me sopa, um chá quente, uma garrafa de água fluidificada ou dar-me um passe magnético. Desde o século passado a tecnologia vem nos distanciando de nossos corpos. Estamos perdendo a capacidade de dar atenção ao que tem cheiro e gosto. Estamos mais interessados no que está acontecendo no ciberespaço do que no que está acontecendo lá embaixo na rua.

No entanto, a maior parte da população não sabe nada sobre a realidade dos locais onde vivem e isso é uma revelação assustadora. E eu mesmo me incluo nessa estatística. Certa vez fui visitar um amigo, e ele me explicou como chegar à rua onde morava. Disse que seria fácil de achar o endereço, porque a casa era a única que ficava em frente a um angico. Tive que ligar para que ele me encontrasse na porta. E, na verdade, essa é a realidade da maioria da população, não só a brasileira, mas a mundial. Qual a diferença entre um angico e uma sibipiruna? Entre um colibri e um joão-de-barro? Entre o Cerrado e a Mata Atlântica? Quais os meses chuvosos e quais os meses quentes e secos? Em qual época os dias são mais longos? Qual lua estará brilhando no céu hoje à noite? O teste da realidade dói. Estamos entendendo mais sobre o mundo virtual do que o mundo real.

Vejamos um outro aspecto. Atualmente nos conectamos a grupos virtuais com os quais nos identificamos, pois, neles, todos parecem nos aceitar e concordar com nossas posições. No mundo real estamos constantemente sendo questionados e temos a todo momento que provar nosso ponto de vista ou, então, seguir a visão de terceiros, com poucas chances de desconectar os que divergem de nossa filosofia de vida. É o choque do mundo real, que parece ser, a cada dia, mais difícil de ser superado.

Em nome do "compartilhamento de experiências" as pessoas são incentivadas a entender o que está acontecendo com elas em termos de como os outros as veem. Se acontece algo excitante, nosso "novo" instinto é pegar o *smartphone*, tirar uma foto, postá-la *on-line* e esperar pelas curtidas. No processo, mal percebemos o que nós mesmos estamos sentindo. E é interessante ver que a História funciona como um *boomerang*: na idade média, não importava muito como nos víamos; vivíamos sob a tutela do olhar alheio e o importante era como os outros nos viam. A visão que tínhamos de nós mesmos era uma visão social e não individual.

Na verdade, o que sentimos está cada vez mais determinado pelas reações *on-line*. Pessoas separadas fisicamente de si mesmas tendem a sentir-se alienadas e desorientadas. Humanos viveram milhões de anos sem religião e sem nação, mas não são capazes de viver felizes se estiverem desconectados de si mesmos. Se você não se sente em casa dentro de seu corpo, nunca se sentirá em casa dentro do mundo. É um princípio básico.

Zuckerberg sugere que as melhores soluções para melhorar

nossas interações podem vir de cada um conhecer o outro como uma pessoa inteira e não só como "opiniões", que é o que mais vemos nas ainda limitadas interações das redes sociais. Conectamo-nos com base no que temos em comum - religião, time de futebol, estilos literários, séries que mais gostamos, interesses de várias ordens. Porém, é dificílimo conhecer o outro como uma pessoa "inteira". Isso leva muito tempo, e exige interação física direta.

Mas, historicamente, corporações - como o Facebook - nunca foram o veículo ideal para liderar revoluções sociais e políticas. Uma verdadeira revolução cedo ou tarde exigirá o sacrifício financeiro que corporações, seus empregados e seus acionistas não querem fazer - afinal, se o Facebook conseguir fazer seus usuários passarem mais tempo *offline*, sem falir, essa sim será uma transformação marcante. É por isso que revolucionários estabelecem igrejas, partidos políticos ou exércitos. E não empresas.

As chamadas "revoluções" iniciadas no Facebook e no Twitter - muito bem analisadas sob o ponto de vista espiritual por Manoel Philomeno de Miranda na dupla de obras *Transição planetária* e *Amanhecer de uma Nova Era,* ambas psicografadas por Divaldo Pereira Franco -, que levaram ao levante da Primavera Árabe, começaram em esperançosas comunidades *on-line,* mas, quando emergiram no confuso mundo *offline*, precisaram enfrentar um primeiro desafio, ao misturarem-se a fanáticos religiosos e grupos militares, sem perder o foco. Se o Facebook ou qualquer outra rede social quiser promover uma revolução global, terá de fazer um trabalho muito melhor na criação de uma ponte que atravesse a brecha existente entre o *online* e o *offline.*

Capítulo 12

O novo racismo

EMBORA A GLOBALIZAÇÃO tenha reduzido as diferenças culturais por todo o planeta, ela também fez com que ficasse muito mais fácil encontrar pessoas estranhas e se assustar com seu "jeito". Uma das cláusulas para um orbe ascender a um mundo de regeneração é justamente a da fraternidade internacional. À medida que cada vez mais humanos cruzam cada vez mais fronteiras em busca de empregos, lazer, segurança e um futuro melhor, a necessidade de confrontar, assimilar ou expulsar estrangeiros cria uma tensão constante, não só entre as nações em si, mas na identidade interna da nação.

Um dos continentes onde isso se tornou muito visível foi a Europa. A União Europeia foi construída sobre muitas promessas e uma delas era transcender as diferenças culturais entre os povos europeus. Mas, apesar da boa vontade, há uma incapacidade monumental em incluir, nessa promessa, as diferenças culturais entre europeus e imigrantes da África e do Oriente Médio.

Ironicamente, foi, em primeiro lugar, o próprio sucesso da Europa em construir um sistema próspero e multicultural que atraiu tantos imigrantes. Iniciado em seu período expansionista, quando se fundaram colônias em quase toda parte, criando um vínculo histórico e cultural com muitos países. Qualquer estudante brasileiro sabe que suas raízes ancestrais se encontram ou na Europa, ou na África ou numa taba próxima, quiçá nas três. Qualquer norte-americano sabe que o chão em que pisa um dia foi primeiramente propriedade de índios, como os apaches ou os comanches; depois, da Inglaterra, e só há pouco tempo se tornou posse do seu país. E essa realidade se espalha por uma infinidade de países como Líbia, Egito, Sudão, toda a América espanhola e até na Guiana - francesa, é claro.

Não seria natural que quiséssemos visitar nossos bem-sucedidos "papais" geopolíticos em algum momento? Talvez até ir morar na casa deles em momentos de crise, como fazem os filhos após um divórcio, uma doença grave ou mesmo uma demissão?

A seleção francesa de futebol apresenta ou já apresentou representantes com raízes no Senegal, Argélia, Congo, Angola, Martinica, Costa do Marfim, Guadalupe, Benin, Camarões, Polinésia, Índia, Polônia, Armênia, Rússia, Espanha, Portugal e outros. Os nigerianos querem emigrar para a França, e não para a Arábia Saudita. A crescente onda de refugiados e migrantes provoca reações mistas entre os europeus e desencadeia discussões amargas sobre a identidade e o futuro da Europa.

E nesse momento levantamos um problema adicional, no que diz respeito às generalizações, que têm feito, por exemplo, que os judeus sejam sempre interpretados como empresários ricos e sovinas, ou que os árabes muçulmanos sejam vistos como verdadeiros espiões terroristas avaliando onde colocarão a próxima bomba. Mas o que está realmente por baixo de todos esses debates é uma questão muito mais fundamental, relativa a como entendemos a cultura humana. Será que o debate mundial sobre a imigração não supõe, de alguma forma, que algumas culturas talvez sejam superiores a outras? Quando os alemães discutem a absorção de milhares de refugiados sírios, terão razão em pensar que a cultura alemã é de algum modo melhor do que a cultura síria? E assim chegamos no tema do nosso capítulo: o "novo" racismo, chamado de culturalismo.

O racismo tradicional está fundamentado em antigas e ultrapassadas teorias biológicas. Entre final do século XIX e o início do século XX, havia a crença generalizada em países como Inglaterra, Austrália e Estados Unidos de que alguns traços biológicos hereditários faziam com que africanos e chineses fossem naturalmente menos inteligentes, menos empreendedores e menos moralizados que os europeus. Depois de 1945, o racismo passou a ser não só considerado moralmente deplorável, mas também cientificamente ridículo. Os geneticistas apresentaram evidências científicas muito fortes de que as diferenças biológicas entre os diversos seres humanos espalhados na Terra eram insignificantes. Hoje, ainda há muitos indivíduos que fazem afirmativas racistas, embora sem respaldo científico e sem o devido respeito político, mas sob uma nova roupagem: os termos culturais.

Mas, se hoje os seres humanos são geneticamente idênticos, em algum momento do passado não o foram. Há 200 mil anos, em uma tribo de Neandertais, nasceu um bebê um pouco mais bonito que os outros. Quando essa criança cresceu um pouco mais, encantou seus pais com sua esperteza, ao mesmo tempo em que passou a achar seus pais um tanto quanto simplórios e grosseirões. E quando alcançou certa idade, apareceu com invenções curiosas, como uma lança bem afiada ou um machado de pedra, que deixou toda a tribo maravilhada.

Mal sabiam eles que esse pequeno prodígio, belo, inteligente e hábil era, na verdade, um *homo sapiens* e que em breve todos os Neandertais estariam extintos. Em tese, houve na Terra, antropologicamente falando, uma raça superior a outra e uma cultura superior a outra. Muitos de nós ainda carregam essas percepções xenofóbicas no íntimo do espírito, nos julgando superiores a outrem em algum sentido, não só quanto aos imigrantes, mas em áreas mais simples, como bonitos e feios, ricos e pobres, saudáveis e doentes, norte-americanos e mexicanos.

Acrescentemos ainda a essa xenofobia evolutiva uma reencarnação em massa que passou a ocorrer a partir desse período, de espíritos vindos do sistema de Capela, de um mundo que acabara de subir na escala evolutiva, e que foram degredados à Terra, mundo na transição do primitivo para expiação e provas, e que, nesse contexto, tinham "certeza" de que eram mais evoluídos do que nós.

Refletindo um pouco, podemos realmente admitir a existência de algumas diferenças significativas entre culturas humanas, em coisas que vão de costumes sexuais a hábitos políticos e nesse terreno nebuloso, algumas diretrizes vêm se tornando globais. A diversidade humana é ótima quando se trata de culinária, turismo, poesia, filosofia, arte ou descobertas científicas, mas poucos acham que assassínio de cristãos, infanticídio ou escravidão possam ser aspectos exóticos e fascinantes de uma cultura. Allan Kardec, no item 4 da Conclusão em *O Livro dos Espíritos*, esclarece que:

> A todos estes respeitos, no entanto, longe ainda estamos da perfeição e muitas ruínas antigas ainda se têm que abater, até que não restem mais vestígios da barbárie. Poderão acaso essas ruínas sustentar-se contra a força irresistível do progresso, contra essa força viva que é, em si mesma, uma lei da Natureza? Sendo a geração atual mais adiantada do que a anterior, por que não o será mais do que a presente a que lhe há de suceder? Sê-lo-á, pela força das coisas. Primeiro, porque, com as gerações, todos os dias se extinguem alguns campeões dos velhos abusos, o que permite à sociedade formar-se de elementos novos, livres dos velhos pre-

conceitos. Em segundo lugar, porque, desejando o progresso, o homem estuda os obstáculos e se aplica a removê-los.

A visão espírita é bem clara e, embora reconheça que exista diferenças entre as culturas, entende que algumas práticas culturais necessariamente desaparecerão da Terra, à medida que a humanidade for avançando em conhecimento, tecnologia e organização social. Em algum momento o progresso tomará conta de todas as culturas humanas.

Consideremos, a esse respeito, o modo como diferentes culturas se relacionam com estranhos, imigrantes e refugiados. Nem todas as culturas são caracterizadas pelo mesmo nível de aceitação. A Alemanha é mais tolerante com estrangeiros e mais receptiva a imigrantes do que a Arábia Saudita. Daí que, no entendimento tradicional, pelo fato de tolerar estranhos e receber bem aos imigrantes, a cultura alemã parece ser "mais civilizada" ou superior à cultura saudita, mas historicamente essa forma de pensar tem um nome muito pouco civilizado: racismo.

E hoje as pessoas continuam a travar uma luta heroica contra o racismo tradicional sem perceber que a frente de batalha está mudando. O racismo tradicional está desaparecendo, mas o mundo está agora cheio de "culturalistas", os "novos" racistas, que vêm armados de argumentos bem poderosos e, como disse Jesus, capazes de "enganar até o escolhido"[126].

Dizer que pessoas negras têm tendência a cometer crimes porque têm genes inferiores é considerado fora da realidade, uma afirmação absurda. Mas afirmar que elas têm tendência a cometer crimes porque provêm de uma subcultura disfuncional parece - perigosamente - fazer algum sentido. Antropólogos, sociólo-

126. Mateus 24:24.

gos e historiadores ficam extremamente incomodados com esse raciocínio, pois soa perigosamente como o racismo tradicional.

É o cerne do "novo" racismo, ou "culturalismo". Essa seria uma excelente fonte de debates nos círculos doutrinários espíritas, sobretudo uma doutrina tão engajada com as questões sociais no Brasil.

Na questão 793 de *O Livro dos Espíritos*, Allan Kardec observa que:

> À medida que se aperfeiçoa, a civilização faz cessar alguns dos males que gerou, males que desaparecerão todos com o progresso moral. De duas nações que tenham chegado ao ápice da escala social, somente pode considerar-se a mais civilizada, na legítima acepção do termo, aquela onde exista menos egoísmo, menos cobiça e menos orgulho; onde os hábitos sejam mais intelectuais e morais do que materiais; onde a inteligência puder se desenvolver com maior liberdade; onde haja mais bondade, boa-fé, benevolência e generosidade recíprocas; onde menos enraizados se mostrem os preconceitos de casta e de nascimento, porquanto tais preconceitos são incompatíveis com o verdadeiro amor do próximo; onde as leis nenhum privilégio consagrem e sejam as mesmas, assim para o último como para o primeiro; onde com menos parcialidade se exerça a justiça; onde o fraco encontre sempre amparo contra o forte; onde a vida do homem, suas crenças e opiniões sejam melhormente respeitadas; onde exista menor número de desgraçados; enfim, onde todo homem de boa vontade esteja certo de lhe não faltar o necessário.

Kardec foi a encarnação do bom-senso, sem sombra de dúvida. O novo preconceito não acusa as pessoas de pele escura por não embranquecer sua pele, mas as acusa, sejam africanos ou muçulmanos, de não adotarem normas e valores da cultura ocidental padrão. Mas, o culturalismo, esse "novo" racismo, que vem se entranhando na sociedade - e que vem gerando rusgas estranhas, como quando a cantora brasileira Anitta fez tranças nos cabelos e foi acusada de "apropriação cultural indébita"[127] -, busca fundamentar-se numa certa base científica.

Os estudiosos, particularmente nas ciências humanas e sociais, não podem negar a existência e a importância das diferenças culturais. Mas, primeiro, os culturalistas frequentemente acreditam que a cultura local é superior de maneira geral. No contexto global não há como dizer se uma cultura é melhor ou pior do que outra, senão dentro do que assevera Kardec em seu exercício de classificação civilizatória. Qual brasileiro aceitaria a afirmativa de que a cultura japonesa é superior à brasileira? A filosofia espiritualista Mahikari tem introduzido no Brasil uma série de preceitos próprios do Japão e estão disseminados em quase todas as grandes cidades brasileiras. Mas traz conceitos que pouco sentido fazem para o brasileiro médio. Porém, podemos concordar em um ponto: de modo mais amplo, todos podemos aprender alguma coisa uns com os outros.

Segundo, as pessoas quase sempre adotam alegações culturalistas muito genericamente, o que faz muito pouco sentido. Assim, dizer que a cultura árabe é "menos tolerante com um acesso público de raiva do que a brasileira" é uma alegação razoável, porém é pouco lógico dizer que "a cultura muçulmana é muito intolerante". Esta última alegação é vaga. O que se está querendo dizer com "intolerante"? E o que queremos dizer com "cultura muçulmana"? É como falar em "cultura cristã": seria a cultura

127. correiobraziliense.com.br/app/noticia/diversao-e-arte/2017/02/24/interna_diversao_ arte,576525/anitta-faz-trancas-no-cabelo-e-e-acusada-de-apropriacao-cultural.shtml

católica apostólica romana, a cultura ortodoxa russa, a cultura espírita ou alguma das sem-número denominações protestantes?

Quando um nativo e um imigrante se candidatam ao mesmo cargo numa empresa, o gestor pode automaticamente preferir contratar o nativo, sob vários argumentos, como o de que ele conhece melhor o mercado local, entende melhor o modo como as pessoas pensam ou até entende mais sobre a legislação do país. Mesmo que estatisticamente isso possa ser verdade, talvez aquele estrangeiro tenha mais capacitação, inteligência e formação, além de esforço, do que o próprio nativo.

E o problema principal com as alegações culturalistas é que, apesar de sua natureza estatística, todas são usadas frequentemente para prejulgar indivíduos e, diferentemente do racismo tradicional, que é um preconceito não científico, os argumentos do culturalismo parecem, às vezes, ser bem sólidos. Portanto, cabe-nos estar atentos quanto a essa nova forma de discriminação que vem silenciosamente enraizando-se em nossa sociedade.

Capítulo 13

Ecologia materialista

ESSA É UMA das questões mais complexas dessa obra. E, da mesma forma que, ao analisarmos o "novo racismo" tivemos que lidar com opiniões divergentes sobre o mesmo tema, as questões ecológicas estão no cerne de inúmeros - e conflituosos - debates da atualidade. Nas próximas décadas o ser humano vai precisar enfrentar essa "nova" questão, que os radares do mundo já estão captando há algumas décadas: o risco - ou não - do colapso ecológico.

Em tese, a maior ameaça é a mudança climática. Os humanos existem há centenas de milhares de anos e sobreviveram a inúmeras idades do gelo e avassaladoras ondas de calor. No entanto, a agricultura, as cidades e as sociedades complexas existem há menos de 10 mil anos. Durante esse período, conhecido como Holoceno, o clima da Terra tem sido relativamente estável. Mas ninguém pode imaginar quantas vítimas perecerão em um novo processo de adaptação.

Uma primeira questão seria: esse processo já foi acionado? E o espírita precisa pensar sobre isso, pois Allan Kardec, em *A Gênese*, publicou uma mensagem de um espírito chamado Arago, onde ele fala dos ciclos eternos a que os planetas e as sociedades estão sujeitos. E a mudança climática é um deles. A mudança climática acontecerá em algum momento, como já aconteceu no passado, e isso não dependerá de nós, pois o planeta tem uma vida própria. Mas o quanto nós, meros mortais, somos capazes de interferir na composição química da atmosfera e na forma como ocorrem os ciclos planetários?

A atual teoria do aquecimento global, que tem causado estrondos no mundo todo, se baseia na premissa de que o aumento da concentração de dióxido de carbono (CO_2) na atmosfera[128] é o responsável pelo tão temido efeito estufa, que causa o aumento da temperatura média do planeta, gradativamente. Desde o século passado essa teoria vem ganhando espaço, principalmente na mídia.

Mas não se sabe o quão relevante é o impacto da atividade humana no clima numa escala global e os diversos "termômetros" espalhados na superfície da Terra e no espaço parecem estar em desacordo. As contestações céticas vêm-se tornando cada vez mais conhecidas e diante de um verdadeiro mar de afirmações e contestações, é possível sintetizar três posições principais, a saber:

1) O Aquecimento Global existe e é culpa do homem

Essa é a linha de raciocínio predominante no meio científico e amplamente manifestada pelos meios de comunicação, afirmando que o homem vem interferindo diretamente sobre o clima. A linha de argumentação baseia-se na elevação das temperaturas em função da emissão dos chamados gases de efeito estufa, como o CO_2 (gás carbônico) e o CFC (clorofluorcarbono). Entre os mais conhecidos defensores dessa tese, está o ex-vice-presi-

128. Causado pela queima de combustíveis fósseis, como petróleo e carvão, as atividades industriais e a pecuária.

dente dos Estados Unidos, Al Gore, autor do documentário *Uma verdade inconveniente*.

Esses gases seriam os culpados pela intensificação do efeito estufa, um fenômeno originalmente natural responsável pela manutenção do calor na Terra graças à retenção dos raios solares.[129]

2) O Aquecimento Global existe, mas é um evento natural

Em meia oposição a essa tendência, alguns cientistas admitem a existência do aquecimento global; no entanto, defendem que esse processo é natural, pois o principal fator que influencia o clima da Terra seria o Sol e não os gases atmosféricos. Dessa forma, com o aumento das atividades solares, a tendência seria o aquecimento médio das temperaturas. Isso, segundo essa teoria, seria muito benéfico para o planeta. Da mesma forma que o derretimento das geleiras seria muito bem-vindo, já que colocaria mais água para circular na Terra. O que parece fazer certo sentido, pois, um clima tropical quente com certeza é bem mais simpático à vida do que um clima ártico. Entre os principais defensores, cita-se o nome de Timothy Ball, Ph.D. pela Universidade de Londres.

Essa posição, entre outras críticas, contesta a ameaça representada pelos gases de efeito estufa. Alguns dados coletados em estufas[130] indicam que o CO_2 é, na verdade, benéfico para a at-

129. Em geral, os defensores da tese do Aquecimento Global baseiam-se em dados do IPCC, o Painel Intergovernamental de Mudanças Climáticas, órgão ligado à ONU. Segundo essa entidade, cerca de 90% das alterações climáticas foram causadas pelo homem e apenas 10% são naturais. De acordo com os dados referentes à elevação de CO_2 e CH_4 (gás metano), a Terra nos próximos anos elevaria sua temperatura em 2ºC ou 3ºC, o que poderia provocar terríveis consequências para o planeta, como a elevação do nível dos oceanos, em função do degelo do Ártico e da Antártida.

130. cronicadaciencia.blogspot.com/2010/08/o-co2-e-bom-para-as-plantas-se-fosse-so.html

mosfera terrestre, pois estimula o desenvolvimento e crescimento das vegetações[131].

3) O Aquecimento Global não existe

Seguindo por uma terceira via – mais questionadora e menos popular –, mas que está ganhando força velozmente e com muita fundamentação científica, há um grupo que afirma que o aquecimento global simplesmente não existe, já que se trata de uma teoria que ainda não foi provada.

Os argumentos são fortes: 72% do planeta é formado por oceanos; 28% são continentes, mas, destes, cerca de 49% são terras áridas, semiáridas e desertos. Então, o que os humanos usam de fato? Menos de 9% da superfície dos continentes, onde as cidades representam uma fração irrisória de 0,05%, enquanto as habitações, menos ainda, cerca de 0,005%. A composição da atmosfera do planeta Terra é constituída basicamente de Nitrogênio (78%), Oxigênio (21%), Argônio (0,7%) e todos os outros gases são chamados traços. O CO_2 possui a participação de 0,033% de todos eles, aqui inclusas as emissões humanas. Pode-se observar que o CO_2 é infinitamente inferior aos demais gases.

Há cinco mil anos, a temperatura média da Terra era maior, quase 6ºC mais, e toda a calota ártica já se derreteu e se recompôs mais de uma vez[132]. A partir do final da última era do gelo, o nível do oceano chegou a subir mais de cem metros. Mas nos últimos três anos, não houve qualquer aumento no nível do mar.

---

131. Seguindo essa linha de argumentação, se o CO_2 representasse uma ameaça, o planeta Marte deveria ser mais quente do que a Terra, uma vez que sua atmosfera é composta em mais de 95% por esse gás. No entanto, suas temperaturas são, em média, de -50ºC.

132. Artigo *Mudanças climáticas e aquecimento global – Nova formatação e paradigma para o pensamento contemporâneo?*, de Ricardo Augusto Felício.

Se as calotas polares estão se derretendo, por que o nível dos oceanos não está subindo?

Essa questão é reforçada pelo fato de que não há uma comprovação real de que a raça humana, de alguma forma, tenha elevado a concentração de CO_2 em níveis relevantes em comparação à própria história do planeta, já que em análises geológicas - como no período pré-cambriano, há cerca de 500 milhões de anos - comprovou-se que no passado a concentração de gás carbônico na atmosfera nunca foi constante, chegando a ser 20 vezes maior do que na atualidade, épocas em que existiram florestas abundantes e grandes regiões passando por longos períodos glaciais.

Entre os defensores dessa tese, podemos destacar Timoth Oke, climatólogo canadense; Ricardo Augusto Felício, climatólogo e professor da USP, e Luiz Carlos Molion, meteorologista da Universidade Federal de Alagoas. E todos concordam, inclusive, que a Terra possa se resfriar nos próximos anos. Isso porque a atividade solar é cíclica: durante o período em que é mais intensa, as temperaturas aumentam; e quando a atividade solar diminui, as temperaturas baixam, o que deve ocorrer nos próximos 20 ou 30 anos. As temperaturas só se elevariam em locais específicos, como os centros urbanos, em função das ilhas de calor.

Além disso, seria também necessário considerar a influência dos oceanos sobre o clima, uma vez que a maior parte da superfície terrestre é composta por eles. Assim, alguns fatores atmosféricos, como a umidade do ar, alteram-se conforme as oscilações das temperaturas oceânicas. Um dos elementos utilizados como argumento nesse contexto é a Oscilação Decadal do Pacífico, um fenômeno que, a cada 20 anos, altera as temperaturas do Oceano Pacífico e influencia o clima em todo o mundo. Por volta de 1940, houve uma redução da temperatura oceânica e, por coincidência, a Segunda Guerra Mundial, que é considerada o início da globalização. Para produzir, os países tinham que consumir mais petróleo e carvão, e as emissões de carbono se intensificaram. Mas durante 30 anos houve resfriamento e se falava até em uma nova era glacial. Depois, por coincidência, na metade de 1976 o oceano ficou quente e houve um aquecimento da temperatura global. Surgiram então as primeiras declarações sobre a ocorrência de um aquecimento e que o homem parecia ser o responsável por isso.[133]

Os fluxos naturais dos oceanos, polos, vulcões e vegetação somam cerca de 200 bilhões de toneladas de CO_2 por ano. A margem de erro é de 40 bilhões para mais ou para menos. O ser humano vem colocando 6 bilhões de toneladas em emissões na atmosfera, que representam 3%. Se nessas conferências internacionais conseguirem reduzir a emissão pela metade, o que são 3 bilhões de toneladas humanas em meio a 200 bilhões de toneladas de emissões naturais? Em tese não impactariam o clima em nada.

O que fica claro é que não se pode culpar apenas o CO_2 emitido pelo homem e aparentemente há um conjunto de fatores ligados ao aquecimento global, sendo um dos mais importantes a atividade solar.

De qualquer forma, questionar o modelo de desenvolvimento atual vem fomentando negócios no mundo todo. Ganham espaço os produtos verdes, "sustentáveis", e as certificações ambientais. Se nos anos 70 o movimento ambiental combatia o capitalismo, aliado às organizações de esquerda, após a queda do Muro de Berlim, com o desbaratar de diversos movimentos esquerdistas, tivemos algo inusitado: o sistema capitalista foi agregando, vagarosamente, o movimento ambiental para dentro de suas fileiras.

---

133. uol.com.br/tilt/ultimas-noticias/redacao/2009/12/11/nao-existe-aquecimento--global-diz-representante-da-omm-na-america-do-sul.htm

O que observamos é que toda vez que algo fica "ecológico" o lucro sempre aparece embutido em três etapas: elevação de preços, recebimento de subsídios e redução de impostos. O que é reciclado é sempre mais caro, e não raro ganha ares de *glamour* ou sofisticação, por incrível que pareça. Assim, quem paga a conta é sempre o cidadão, diretamente, quando compra o produto, ou, indiretamente, pela ação do Estado benevolente ao empreendedor "verde". Sim, ser sustentável tornou-se muito lucrativo e a legitimidade dessa conduta cínica é sequer colocada em questionamento, muito menos discutida.

Os humanos ainda podem desestabilizar a biosfera global em múltiplas frentes. Estamos extraindo cada vez mais recursos do meio ambiente, e despejando nele quantidades enormes de lixo e veneno, mudando a composição do solo, da água e da atmosfera. Não temos sequer ideia das dezenas de milhares de maneiras com que rompemos o delicado equilíbrio ecológico que se configurou ao longo de milhões de anos.

Consideremos, por exemplo, o uso de fertilizante. Em pequenas quantidades é um nutriente essencial para o crescimento de plantas. Mas em quantidades excessivas torna-se tóxico. A agricultura industrial moderna baseia-se em fertilizar artificialmente os campos, mas grande quantidade escorre das fazendas e vai envenenar rios, lagos e oceanos, com impacto devastador na vida marinha[134]. Um agricultor que cultiva milho em Iowa pode estar inadvertidamente matando peixes no Golfo do México.

Como resultado dessas atividades, *habitats* são degradados, animais e plantas são extintos e ecossistemas inteiros, como a Grande Barreira de Corais australiana e a Floresta Amazônica, estão sendo destruídos.

Atualmente vem-se culpando a indústria da carne também

134. super.abril.com.br/saude/o-lado-escuro-da-comida/

como uma das causas do aquecimento global. No entanto, caso se descubra no futuro que as atividades dos pecuaristas não estejam impactando tanto assim a qualidade da nossa atmosfera, ainda assim a pecuária é um grande poluidor da terra e da água. São necessários 15 mil litros de água fresca para produzir um quilograma de carne bovina[135], comparados com 287 litros necessários para produzir um quilograma de batatas.

Mas e se os engenheiros fossem capazes de encontrar uma maneira de produzir carne a partir de células? Se quiser um hambúrguer, crie apenas um hambúrguer, em vez de criar e abater uma vaca inteira - e transportar a carcaça por milhares de quilômetros fumegando gás carbônico. Isso poderia soar como ficção científica, se o primeiro hambúrguer do tipo não tivesse sido criado a partir de células - e depois comido - em 2013. Custou 330 mil dólares! Quatro anos de pesquisa e desenvolvimento trouxeram o preço para 11 dólares por unidade, e dentro de mais uma década espera-se que a carne "limpa" seja produzida industrialmente custando menos que carne abatida.

Entre os espíritas a questão do consumo da carne pode suscitar novos entendimentos diante dos números atuais. Allan Kardec questionou os espíritos acerca desse tema. E vejamos o que estes responderam sobre consumo da proteína animal:[136]

> 723. A alimentação animal é, com relação ao homem, contrária à lei da Natureza?
> Dada a vossa constituição física, a carne alimenta a carne; do contrário, o homem perece. A lei de conservação lhe prescreve, como um dever, que mantenha suas forças e sua saúde, para cumprir a lei do trabalho. Ele, pois, tem que se alimentar conforme o reclame a sua organização.

135. Segundo um relatório de 2013, da *Institution of Mechanical Engineers.*
136. *O Livro dos Espíritos*, de Allan Kardec, questões 723 e 724.

724. Será meritório abster-se o homem da alimentação animal, ou de outra qualquer, por expiação?
Sim, se praticar essa privação em benefício dos outros. Aos olhos de Deus, porém, só há mortificação, havendo privação séria e útil. Por isso é que qualificamos de hipócritas os que apenas aparentemente se privam de alguma coisa.

Emmanuel estende um pouco mais essa visão, ao afirmar que:

> Temos de considerar, porém, a máquina econômica do interesse e da harmonia coletiva, na qual tantos operários fabricam o seu pão cotidiano. Suas peças não podem ser destruídas de um dia para o outro, sem perigos graves. Consolemo-nos com a visão do porvir, sendo justo trabalharmos, dedicadamente, pelo advento dos tempos novos em que os homens terrestres poderão dispensar da alimentação os despojos sangrentos de seus irmãos inferiores[137].

Quando se trata de ecologia, os países estão à mercê de ações realizadas por pessoas em todo o planeta. Temperaturas mais altas ou mais baixas podem transformar a China num deserto e simultaneamente fazer da Sibéria o celeiro do mundo. O Deserto do Saara já foi, há 10 mil anos, uma grande savana, com pradarias e bosques, e nessa época não existiam indústrias nem grandes rebanhos. Éramos caçadores-coletores, engatinhando ainda no plantio de grãos. A geografia de diversas áreas do planeta *vai* mudar em algum momento, independente de nossa interferência.

Mas, economicamente falando, a substituição dos combustíveis fósseis por fontes renováveis de energia é mais atraente para alguns países do que para outros. China, Japão e Coreia do Sul

137. *O Consolador*, ditado pelo espírito Emmanuel, ao médium Francisco Cândido Xavier, questão 129.

dependem da importação de enormes quantidades de petróleo e gás. Ficarão felizes de se livrar desse fardo. Rússia, Irã e Arábia Saudita dependem da exportação de petróleo e gás. Suas economias entrarão em colapso se o petróleo e o gás de repente derem lugar ao sol e ao vento. O raciocínio de Emmanuel sobre os cuidados que devemos ter com a "máquina econômica do interesse e da harmonia coletiva" valem também para essas questões ligadas à energia.

Uma bomba atômica é uma ameaça tão óbvia e imediata que ninguém pode ignorá-la. O aquecimento global, em contraste, é uma ameaça mais vaga e prolongada, incerta até. Daí que, sempre que considerações ambientais de longo prazo exigem algum sacrifício, nacionalistas são tentados a pôr interesses nacionais em primeiro lugar - como têm feito os norte-americanos -, e se tranquilizam dizendo que podem se preocupar com o meio ambiente mais tarde, ou deixar isso para pessoas de outros lugares. Ou então podem simplesmente ignorar a existência do problema, já que faltam dados que o confirme.

Nós brasileiros precisamos entender qual nosso papel nesse grande palco. E é dos melhores. A Alemanha possui 15 termoelétricas gigantescas queimando carvão ininterruptamente, lançando CO_2 e enxofre na atmosfera; enquanto por aqui utilizamos praticamente só hidrelétricas, limpas e altamente eficientes. Além disso, o Brasil é um país caro. O brasileiro é especialista em aproveitar tudo o que os recursos naturais oferecem. Não é à toa que somos os campeões mundiais em reciclagem! Temos por aqui os melhores engenheiros florestais e a melhor agricultura, pois precisamos aproveitar da melhor maneira possível a natureza. Fertilizantes e agrotóxicos são produtos importados a custo altíssimo; portanto, aprendemos a ser econômicos nesse aspecto e por isso somos um dos países do mundo que apresentam os mais baixos índices de agrotóxico por hectare plantado[138], enquanto aprendemos a conservar o solo ao máximo.

E quanto a Amazônia? Das muitas razões para se preocupar com os incêndios devastadores na maior floresta tropical do mundo, o suprimento de oxigênio não é uma delas. Simplesmente não faz nenhum sentido físico, porque não há dióxido de carbono suficiente na atmosfera para que as árvores fotossintetizem um quinto do oxigênio do planeta. Para cada remessa de moléculas de dióxido de carbono que as árvores retiram do ar, elas liberam um número semelhante de moléculas de oxigênio. Como a atmosfera contém cerca de 0,033% de dióxido de carbono, mais 21% de oxigênio, não é possível para a Amazônia gerar tanto oxigênio.

As árvores simplesmente não exalam oxigênio - elas também o consomem durante o processo conhecido como respiração celular, quando convertem em energia os açúcares que acumulam durante o dia (para alimentar esse processo elas usam oxigênio). Assim, durante a noite, quando não há sol para a fotossíntese, elas absorvem somente oxigênio. Uma pesquisa[139] calcula que as árvores inalam um pouco menos da metade do oxigênio que produzem dessa forma. O resto é provavelmente usado pelos incontáveis micróbios que vivem na Amazônia, que inalam oxigênio para decompor a matéria orgânica morta da floresta. Em resumo, o efeito real do oxigênio da Amazônia, ou de qualquer outro bioma, é próximo de zero. Na verdade, o oxigênio que respiramos é o legado do fitoplâncton nos oceanos que há bilhões de anos acumula constantemente o oxigênio que tornou a atmosfera respirável. Todavia, o mito dos 20% está circulando há décadas, mas

138. revistagloborural.globo.com/Noticias/Agricultura/noticia/2019/06/ranking-aponta-que-brasil-usa-menos-agrotoxico-que-europa.html

139. nationalgeographicbrasil.com/meio-ambiente/2019/08/amazonia-oxigenio-mundo-pulmao-floresta-amazonica-queimadas

não é claro saber de onde se originou. Talvez derive do fato de que a Amazônia contribui com cerca de 20% do oxigênio *produzido pela fotossíntese no planeta* – que deve ter caído erroneamente no conhecimento público como 20% de oxigênio na atmosfera.

O Inpe[140] registrou que, entre 2004 e 2017, o desmatamento da maior floresta tropical do planeta foi reduzido em 75%[141] e, independentemente do que pode estar sendo destruído neste momento, seu poder de regeneração é bem acelerado: em 20 anos é capaz de recompor-se em 80%[142]. Mas nossa floresta, apesar de absurdamente grande, com seus 5,5 milhões de quilômetros quadrados, é pequena se comparada à superfície da Terra; por isso é difícil saber o quanto ela impacta no clima em nível global: as florestas tropicais, somadas, ocupam apenas 7% da área do planeta.

O espírito Joanna de Ângelis, em sua obra *Após a tempestade*[143], emite um alerta, para os espíritas que se sintam especialmente engajados nas questões ecológicas:

> Todavia, o homem ingere e disparte mais terrível poluição, venenosa quão irrefreável graças ao cultivo de lamentáveis atitudes em que persevera e se compraz: referimo-nos à poluição mental que interfere na ecologia psicosférica da vida inteligente, intoxicando de dentro para fora e desarticulando de fora para dentro.

Lembrando ainda que, por mais que as questões ecológicas sejam importantes, ainda são questões inerentes à matéria e que :

---

140. Instituto Nacional de Pesquisas Espaciais.
141. obt.inpe.br/OBT/noticias/inpe-registra-6-947-km2-de-desmatamento-na-amazonia-em-2017
142. diretodaciencia.com/2019/03/12/regeneracao-de-floresta-tropical-e-rapida-mas-perde-maioria-das-especies/
143. *Após a tempestade*, de Joanna de Ângelis, psicografado por Divaldo Pereira Franco, capítulo 3.

> O programa, no entanto, para o saneamento de tão perigoso estado de coisas, já foi apresentado por Jesus, o sublime ecólogo que em Natureza, preservando-a, abençoando-a, dela se utilizou, apresentando os métodos e técnicas da felicidade, da sobrevivência ditosa nos incomparáveis discursos e realizações de que inundou a História, estabelecendo as bases para o reino de amor e harmonia, sem fim, sem dores, sem apreensões.

E finaliza que, através dos ensinamentos de Jesus:

> A Terra sairá do caos que a absorve e voltarão o ar puro, a água cristalina, a relva repousante, o trinar dos pássaros, o fulgor do sol e o faiscar das estrelas em nome do Pai Criador e de Jesus, o Salvador Perene de todos nós.

Portanto, em meio a tantos números e debates, não é fácil formar uma opinião racional sobre um tema tão abrangente e que ainda está em transição. Com certeza esse é um assunto que ainda demandará muita pesquisa, estudo e reflexão nos próximos anos.

Capítulo 14

O obscurantismo

ATUALMENTE UMA SOMBRA vem tomando conta da humanidade. Anteriormente citamos a disrupção tecnológica como um problema a ser enfrentado por todos. Mas na verdade, a necessidade de estarmos constantemente nos atualizando - e ao mesmo tempo estarmos sempre desatualizados! - não é apenas um descompasso em relação à tecnologia, mas em relação à ciência como um todo.

Essa dúvida com relação à ciência, questionando as posições "oficiais" - que nada mais são do que o resultado de comprovações feitas por várias fontes de pesquisa em nível mundial -, é chamada hoje de *obscurantismo*, ou pós-verdade. Uma denominação abrangente que engloba todos os pensamentos e atitudes pseudocientíficas, mistificações, inverdades e exageros divulgados e defendidos na atualidade.

E não há um ser humano que esteja livre de flertar com o obscurantismo em algum momento da vida. Quem nunca ouviu ou até difundiu a ideia de que comer manga junto com leite faz mal à saúde? Ou que andar descalço pode causar um resfriado? Ou mesmo não teve medo de cumprimentar um aidético com um aperto de mão? Isso é obscurantismo num nível *light*.

E uma grande parcela da população ainda torcerá o nariz aos dados oficiais.

46% dos brasileiros não concordam com a afirmação de que a espécie humana compartilha um ancestral comum com os chimpanzés e 89% defendem[144] que o criacionismo[145] seja ensinado nas escolas. Mas a crise de confiança na ciência é injustificada e não corresponde ao quanto nossas vidas dependem dela, nas questões mais triviais de nosso dia a dia. Cada vez que nós tomamos um analgésico, pedimos um *Uber*[146] ou ligamos a TV, estamos nos beneficiando do trabalho de centenas de cientistas, laboratórios e institutos de pesquisa que movimentam bilhões de dólares em investimentos - o GPS só existe por causa da Teoria da Relatividade de Einstein. Mesmo assim, uma série de extremistas negam abertamente as evidências científicas sempre que elas não correspondam às suas visões de mundo.

Na União Soviética da década de 1930, o agrônomo Trofim Lysenko, alçado a guru científico de Stalin, propôs a hipótese de que sementes aprenderiam a lidar com o frio se expostas a ele - de maneira análoga à ideia atribuída a Lamarck, de que o pescoço da girafa cresce porque ela se estica para alcançar árvores altas. Ele negava a genética e a evolução por seleção natural e hoje é conhecido na História como um paradigma da anticiência.

Por influência de Lysenko, Stalin declarou ilegal a teoria de Darwin, uma ciência burguesa e capitalista. Na prática, sua doutrina contribuiu para uma agricultura ineficaz, que prolongou surtos de fome na antiga URSS e na China.

---

144. Número extraído do livro *A Goleada de Darwin*, de Sandro de Souza (Record, 2009).
145. O criacionismo é a crença religiosa de que a humanidade, a vida, a Terra e o universo são criação de um agente sobrenatural, como o Deus, descrito na *Gênese*, o primeiro livro do Velho Testamento, e vai contra as teorias científicas, como a Teoria da Evolução.
146. Aqui tomamos o nome do produto (carro com motorista, fazendo a função de táxi) pelo nome da empresa (Nota do Revisor).

Talvez esse pensamento seja um reflexo tardio do movimento romântico do século XVIII, do tipo: "Você é forte, você é capaz, siga seu sonho e seja um herói. Se Lamarck conseguiu, por que você não conseguiria? Você não é pior do que ninguém!" Como navegar, então, por um mundo em que as impressões podem falar mais alto que os fatos?

Atualmente temos às mãos um oráculo capaz de nos dar respostas sobre tudo o que existe: o Google. Não quer dizer que sejam as respostas certas, ou as que buscamos, mas são, a princípio, respostas. Não ficamos no "vácuo", como se diz popularmente. Mas fazer uma pesquisa *on-line* é como entrar numa sala com centenas de vozes narrando versões contraditórias sobre um mesmo fato. Em meio ao tumulto, é natural que acabemos ouvindo primeiramente as vozes mais familiares, as que reforçam nossas preconcepções.

Quando somos bombardeados por contradições vindas de várias fontes, ficamos um pouco anestesiados quanto à verdade. Em 1998, 47% dos eleitores republicanos e 46% dos democratas concordavam com a afirmação de que os efeitos do aquecimento global já se faziam sentir[147]. Notem que é um *score* bem equilibrado.

Em 2018, na era pós-Trump, os números eram radicalmente diferentes: 34% dos republicanos - Trump é republicano - e 82% dos democratas acreditavam nos efeitos do aquecimento global. O alinhamento político mudou a percepção das pessoas. Autores apontam que "as pessoas sentem que o ataque às suas convicções é pessoal, que sua identidade está sob ameaça"[148]. Ou seja, o jeito mais fácil de lidar com esse ruído ensurdecedor é nos abraçarmos às nossas crenças e não soltá-las mais.

---

147. www1.folha.uol.com.br/colunas/helioschwartsman/2019/06/partos-ideologicos.shtml

148. Michael P. Lynch, filósofo da Universidade de Connecticut e autor do livro *In praise of reason* (Um elogio à razão), sem tradução no Brasil.

Mas esse é mais um daqueles sinais dos tempos. Num mundo de expiação e provas como o nosso, todas as ideias estão ainda em construção e as pesquisas vão revelando cada vez mais coisas dia após dia. Um alimento que se acredita fazer bem para a saúde hoje, torna-se vilão amanhã; uma lei fundamental hoje pode ser derrogada por decreto amanhã. É o efeito Talidomida[149], que ainda reverbera, revelando que o descrédito na ciência tem, na verdade, raízes bem sólidas. Hoje, o senso comum parece duvidar de tudo, mesmo que se prove o contrário.

Para Allan Kardec, o estudo, a prática e a divulgação do Evangelho jamais poderia estar desalinhado dos estudos e descobertas científicas. *Jamais* quer dizer: em hipótese alguma. Kardec era tão preocupado com essa questão que avisou aos espíritas que, se porventura, a ciência oficial derrubasse algum dos postulados espíritas, que os adeptos, então, corrigissem humildemente a doutrina e seguissem com a ciência. Para o espiritismo, essa ainda é uma questão basilar, que vem de berço, já que o codificador só registrou em suas obras os fenômenos que pôde comprovar *in loco*, e, além disso, reproduzi-los e confirmá-los de várias formas. Havia um medo de que o espírita, sem a base científica para lhe dar o devido suporte, enveredasse por um caminho de mistificações, fantasias e "achismos", principalmente por se tratar, a doutrina, de questões ligadas à dimensão espiritual, invisível aos nossos sentidos.

O método científico tradicional se baseia na noção de falseabilidade, introduzida pelo filósofo Karl Popper, em 1934. Ela é simples: você começa levantando uma hipótese - por exemplo, a de que todo esquilo tem rabo. Essa hipótese só pode ser considerada válida cientificamente se for possível refutá-la - isto é, se for

149. Medicamento que as mulheres tomaram nos anos 50, que milagrosamente impediam os sintomas de enjoo na gravidez, mas que, se descobriu posteriormente, impedia também que os braços e pernas dos bebês se desenvolvessem.

possível procurar um esquilo que não tenha rabo. Sabemos que isso é possível; basta irmos atrás.

Se um número razoável de buscas, feitas por pesquisadores diferentes em lugares diferentes, tentar encontrar um esquilo sem rabo e falhar, a hipótese de que todo esquilo tem rabo ganhará força. Perceba que é impossível provar algo definitivamente, tornando-o verdade absoluta.

Você pode encontrar milhares de esquilos com rabo: nenhum deles é capaz de provar que você está 100% certo. Mas se você encontrar um único esquilo sem rabo, ele será suficiente para provar que você está errado. A ciência regula a si própria, embora seja inocência defender que a ciência está imune à má-fé: o nazismo é prova de que, com a motivação necessária, ela pode cometer atrocidades totalmente infundadas. A ciência é uma atividade humana, que sofre de imperfeições humanas; mesmo assim, ela ainda é o método de busca do conhecimento mais eficaz, capaz de se atualizar, admitir os próprios equívocos e seguir em frente.

Como esse capítulo irá tratar do obscurantismo, essa nova filosofia que ameaça obliterar nossas certezas e estagnar nosso conhecimento nas próximas décadas, nas próximas páginas vamos apresentar os principais movimentos anticientíficos atuais. Isso não quer dizer que os temas que vamos abordar até o fim deste capítulo sejam um conjunto de mentiras amarradas numa grande teia conspiratória. Longe disso. Mas as trazemos aqui, principalmente, a título de reflexão; afinal, na visão de um grande número de pessoas, mesas girantes, água fluidificada e passes magnéticos poderiam muito bem se encaixar como obscurantismo.

Vamos começar pela homeopatia, fundada no século XIX pelo alemão Samuel Hahnemann. O processo homeopático consiste em fornecer a um paciente doses extremamente diluídas de compostos que são tidos como a causa dos sintomas que pretendem contrariar, mas supostamente potencializados através de técnicas de diluição, dinamização e sucussão, que liberariam energia[150].

Seria muito natural que a homeopatia se espalhasse, pois, no século XIX, em meio à popularização da "sangria", entre sangrar até a morte e ingerir algumas gotas de água ou álcool, a segunda alternativa era melhor. Se qualquer substância, seja cebola, seja antraz, fará algum efeito no organismo – principalmente na diluição C30 –, ainda não conseguimos mensurar adequadamente, mas uma consulta com um médico atencioso, que prescreve repouso e lhe trata de modo a deixar seu sistema imunológico funcionar, é mais recomendável do que recorrer a um bisturi de imediato.

De lá até aqui, felizmente, muita coisa mudou, no entanto, uma coisa permanece igual: a ciência, mesmo na atualidade, ainda é péssima em avaliar processos orgânicos que envolvam "energias", não só a respeito dos fluidos diluídos de Hahnemann, mas mesmo o fluido cósmico universal, tão utilizado pelos espíritas, ou mesmo o magnetismo anímico e a energia mental.

Para que seus efeitos possam ser avaliados, toda droga passa por três rodadas de verificação em humanos antes de chegar às farmácias. Elas servem para determinar como ela é metabolizada e excretada, descobrir seus efeitos colaterais, estabelecer a dosagem ideal para cada doença e faixa etária etc.

Ao longo de todo o processo, médicos e farmacêuticos tomam três precauções para evitar conclusões enviesadas. Primeiro, um grupo de voluntários é dividido em dois grupos, para comparação. Metade toma o remédio em fase experimental, a outra metade toma um remédio já existente no mercado ou um placebo[151] dependendo do tipo de comprovação que se quer, caso se queira

150. *Medicina natural: homeopatia e radiestesia,* de Márcio Bontempo.
151. Um comprimido ou injeção falsos, que não contêm o princípio ativo.

comparar a eficácia de um princípio ativo em comparação com um concorrente ou a eficácia de um novo princípio ativo comparando-o com "nada" - doses de água ou comprimidos de farinha.

Os voluntários devem ser sorteados entre os dois grupos, processo chamado de aleatorização. Por fim, o ideal é que o experimento seja o que se chama de duplo-cego, ou seja: que durante sua realização, nem os cientistas nem os voluntários saibam qual é o grupo que tomou placebo e qual é o grupo que tomou o remédio real. Assim, a chance de uma incongruência passar despercebida é baixa. Ou o remédio funciona, ou não funciona!

A homeopatia permanece popular desde sua criação até os dias de hoje; portanto, seria imprescindível que, em algum momento, sua eficácia fosse analisada com o mesmo critério e cuidado dos medicamentos convencionais. E, embora a homeopatia - assim como a acupuntura, a aromaterapia e outras Práticas Integrativas e Complementares ou PICs, na nomenclatura dada pelo SUS - possa passar pelos mesmos testes por que passam os medicamentos vendidos em uma farmácia comum, avaliar em profundidade a composição das formulações homeopáticas dentro dos princípios da própria homeopatia ainda é uma tarefa impossível. Portanto, os pesquisadores buscam sistematicamente mensurar os efeitos, na impossibilidade de encontrar a causa.

Um dos vários pesquisadores que se dedicam a essa tarefa é Edzard Ernst[152]. Em 20 anos como professor e pesquisador na Universidade de Exeter, ele e sua equipe submeteram 29 PICs a ensaios clínicos rigorosos. Em muitos casos, era necessário criar placebos elaborados.

Para a acupuntura, sua equipe projetou uma agulha que parece penetrar a pele, mas enrola dentro de si própria, como uma faca falsa, de lâmina retrátil. Ela comprovou que acupuntura tem

152. super.abril.com.br/ciencia/edzard-ernst-um-cientista-no-combate-a-medicina-alternativa/

o mesmo efeito do placebo. Para a prova da cura espiritual ele usou cinco curandeiros de verdade e, depois, recrutou cinco atores muito parecidos com eles. Em todos os casos, a conclusão foi uma só: todas as terapias funcionam com a mesma exatidão do efeito placebo.

No entanto, por isso mesmo, os resultados são deveras inconclusivos, pois, chegou-se à conclusão de que as terapias propriamente ditas não são diretamente responsáveis pelos resultados que obtêm. Seria necessário um estudo à parte que tratasse da influência da mente sobre os processos enfermiços, desperta pelo próprio tratamento. Em tese, os tratamentos dão bons resultados, mas pode ser que não seja da forma que se acredita. Realmente um assunto complexo e ainda longe de se esgotar.

A OMS condena o uso da homeopatia contra doenças graves como malária, tuberculose, aids, gripe e diarreia infantil. No Brasil, é considerada como especialidade médica desde 1980[153], mas em vários países, como a França ou a Austrália, não é sequer considerada especialidade médica. Uma pesquisa[154] indicou que 70% da população brasileira afirma procurar um médico convencional quando tem um problema de saúde; em segundo lugar, com 7%, os terapeutas espirituais, e em terceiro lugar, com 6%, vêm as benzedeiras. Em quarto lugar, com 5%, o médico homeopata.[155] Na verdade 5%, 6% ou 7% em termos de resultados percentuais é quase a mesma coisa. Temos en-

153. É reconhecida pelo Conselho Federal de Medicina, tendo sido incluída no Sistema Único de Saúde (SUS) em 2006 e instituída em 2017 pelo MEC como disciplina obrigatória na graduação em Farmácia. Desde 2017, não só a homeopatia, mas outras PICs que sequer são reconhecidas pelo CFM também passaram a ser oferecidas. A lista inclui aromaterapia, reiki, florais de Bach, cromoterapia, biodança etc. São, ao todo, 29. Hoje, 9,3 mil estabelecimentos do SUS em 3,1 mil municípios (tomando por base postos de saúde, hospitais etc.) oferecem pelo menos uma PIC.

154. Pesquisa de representatividade nacional encomendada ao Datafolha pelo Instituto Questão de Ciência

155. revistaquestaodeciencia.com.br/questao-de-fato/2019/05/13/vacinas-evolucao-transgenicos-pesquisa-revela-crencas-dos-brasileiros

tão 18% da população buscando terapias alternativas na busca pela saúde.

Um dos grandes estudiosos mundiais do efeito placebo é o Dr. Bruce H. Lipton[156], autor da obra *A biologia da crença*. Estudos sérios, dos quais participou, revelaram que, tanto com relação ao uso de medicamentos, quanto intervenções cirúrgicas, o efeito placebo é capaz de curar definitivamente cerca de 32% dos pacientes. As experiências são fascinantes, e pacientes diagnosticados com problemas graves de artrite e inflamações no joelho, que precisavam de bengala para andar, foram submetidos a cirurgias "de mentira", onde foram feitas apenas incisões e lavagens sem efetivamente tratar do problema em si. Uma parte dos pacientes submetidos a essa intervenção "placebo" - 32% - se curou e passou inclusive a praticar esportes, como o basquete, só vindo a saber que passaram por uma cirurgia placebo dois anos depois.

Jesus não estava errado ao dizer: "Tua fé te curou". As experiências com fluidos realizadas por Allan Kardec e avaliadas na obra *A Gênese*, sobretudo no capítulo 14, revelam que a fé aliada a bons fluidos anímicos, transmitidos de pessoa a pessoa, é capaz de operar verdadeiros "milagres" na recuperação da saúde física de uma pessoa enferma.

Infelizmente, porém, não falta quem troque a medicina por terapias alternativas mesmo em caso de doenças mortais. Um estudo da Universidade Yale revelou que, dos pacientes de câncer que utilizam medicina não-convencional, 7% recusam intervenção cirúrgica, 34,1% recusam quimioterapia, 53% recusam radioterapia e 33,7% recusam intervenções hormonais.

---

156. Lipton é bacharel em biologia pela CW Post Campus da Long Island University em 1966 e tem doutorado em biologia do desenvolvimento pela University of Virginia em 1971. De 1973 a 1982, lecionou anatomia na University of Wisconsin School of Medicine, antes de ingressar na Escola de Medicina da St. George's University como professor de anatomia por três anos. De 1987 a 1992, Lipton esteve envolvido em pesquisas na Penn State e no Stanford University Medical Center.

Entre pacientes que optam só pela medicina convencional, os valores são radicalmente diferentes: 0,1% recusam intervenção cirúrgica, 3,2% recusam quimioterapia, 2,3% recusam radioterapia e 2,8% recusam intervenções hormonais.

Allan Kardec, sobre a homeopatia, afirmou:

> A homeopatia, provando o poder da ação da matéria espiritualizada, liga-se ao papel importante que representa o perispírito em certas afecções; ataca o mal em sua própria fonte, que está fora do organismo, cuja alteração é apenas consecutiva. Tal a razão pela qual a homeopatia triunfa numa imensidade de casos em que fracassa a medicina ordinária: mais que esta, ela leva em conta o elemento espiritualista, tão preponderante na economia, o que explica a facilidade com a qual os médicos homeopatas aceitam o espiritismo e por que a maioria dos médicos espíritas pertence à escola de Hahnemann.[157]

E não só sobre a homeopatia, assunto do qual afirmava conhecer muito pouco, mas também outros tratamentos alternativos para a saúde, Kardec sempre afirmou que o que viesse para auxiliar o homem a melhorar sua conduta moral, educando-o, disciplinando-o e fortalecendo sua fé, seria de muita utilidade. Em resumo, essa discussão ainda dará muito o que falar nas próximas décadas, mas o ideal, tanto nas questões ligadas à homeopatia, quantos às que envolvem cromoterapia, a tradicional fluidoterapia espírita e outras tantas, é que esses tratamentos alternativos ou espirituais sejam vistos como complementares e nunca como substitutos da medicina oficial, como orienta a Organização Mundial da Saúde desde 2017 e os próprios terapeutas.

---

157. *Revue Spirite* de 1863, pp. 233 e 234.

Uma outra forma de negação da medicina, que extrapola a liberdade individual, vem dando muita dor de cabeça por aí: o movimento antivacina. Mas nesse campo, diferentemente da homeopatia, quem nega a ciência por crenças pessoais põe não só a própria vida, mas a vida dos outros em risco.

Na Europa, de acordo com a Organização Mundial da Saúde (OMS), o ano 2018 registrou o maior número de casos de sarampo da década: 82,5 mil pessoas contraíram a doença e 72 morreram. Para que a população esteja protegida como um todo, é preciso que 95% dela esteja vacinada. E essa meta não foi cumprida em 34 países europeus em 2017.

Nos EUA, a situação não é muito melhor. 17 Estados americanos permitem que os pais não vacinem seus filhos por terem objeções à prática. Geralmente são famílias urbanas com bons indicadores educacionais e posições políticas progressistas que passam longe da agulha. Em 2019, até o final do primeiro semestre, 1.044 casos de sarampo tinham sido registrados em 28 Estados americanos - o pior número desde 1992.

O sarampo é um problema especial porque a tríplice viral - que imuniza contra sarampo, caxumba e rubéola - está na origem do movimento antivacina contemporâneo. Ela foi associada a casos de autismo em um artigo científico fraudulento[158] publicado em 1998. Outras doenças não estão voltando à tona no mesmo ritmo - pelo menos não nos países desenvolvidos. Nigéria e Paquistão, por exemplo, não conseguem erradicar a poliomielite.

É natural que pais preocupados com seus filhos busquem associações de causa e efeito: a criança tomou chuva e então ficou resfriada; comeu bolo quente e teve dor de barriga etc. O mesmo vale para quem identifica certas doenças com certas vacinas. A ciência existe justamente para separar o joio do trigo - distinguir

158. bbc.com/portuguese/geral-40663622

o que é fato do que é mera impressão. Apesar disso, às vezes os ataques às vacinas têm verniz científico. Em *The vaccine book: making the right decision for your child*[159], um bestseller nos EUA sem tradução no Brasil, o médico Robert Sears afirma que o calendário de vacinação sobrecarrega o sistema imunológico da criança, agravado pelo excesso de alumínio e timerosal na composição da vacina, uma substância antisséptica[160] que contém mercúrio, utilizado para evitar a proliferação de bactérias quando um vidrinho de vacina contém mais de uma dose. Embora o Mercúrio seja tóxico, de fato, nessa concentração ele é irrelevante. Um estudo com 1.047 crianças entre 7 e 10 anos de idade não encontrou qualquer associação entre Mercúrio das vacinas e 42 problemas de desenvolvimento neurológico.

Sears também alega, corretamente, que, quando o bebê faz dois meses, ele já recebeu algo entre 0,2mg e 1,2mg de Alumínio graças às vacinas. Aos seis meses de idade, porém, uma criança já terá ingerido 6,7mg de Alumínio proveniente do leite materno ou 37,8mg em fórmulas infantis em pó baseadas em proteína de soja. Uma pessoa comum ingere entre 30mg e 50mg de Alumínio diariamente. Mas o sistema imunológico de um bebê aguenta uma dose de antígenos muito maior do que a presente em uma vacina e adiar as inoculações apenas aumentaria as chances de expor a criança à doença.[161]

Felizmente, o movimento antivacina não é forte no Brasil, mas nossa proporção de vacinados também vem caindo. Entre 2018 e 2019, o Brasil registrou 10,3 mil casos de sarampo – doença que se julgava erradicada. A cobertura da vacina tríplice viral, que estava estável e próxima a 100% até 2014, atingiu 85% em

---

159. Em português, *Livro das vacinas: tomando a decisão certa para o seu filho*.
160. Antigamente servia de princípio ativo ao Merthiolate, na época em que ele ardia.
161. *Vacinar, sim ou não? Um guia fundamental*, de Gabriel Oselka, Guido Carlos Levi, Monica Levi.

2017. Já com relação à poliomielite, a cobertura vacinal estava acima de 95% até 2015, mas caiu para 78,5% em 2017.[162] A cognição humana tem muita dificuldade em compreender grandes tendências estatísticas, mas se acomoda muito bem com os casos que ocorrem com indivíduos próximos[163].

Esses questionamentos se devem em grande parte à queda das "grandes verdades", que veio com o pós-guerra, em 1945, até a queda do Muro de Berlim, em 1989, o colapso da União Soviética em 1991 e a crise das ideologias nas sociedades ocidentais no final do século XX[164], culminando num movimento filosófico, sociocultural e estético, chamado pós-modernismo. Alastrou-se a percepção de que os fatos poderiam ser uma construção social, ou seja, uma fraude com segundas intenções e as posições oficiais passaram a ser questionadas: ora, se as "grandes verdades" e soluções que o fascismo e o nazismo traziam ruíram; se as "grandes verdades" e soluções que o socialismo trazia ruíram, então, qual sistema ou crença não correria o risco de ruir em algum momento?

Assim, teorias conspiratórias foram alimentadas e vários grupos passaram a defender sua própria verdade. Mas, se não existe uma verdade objetiva, e sim uma porção de verdades particulares, como decidir implantar esta e não aquela? É aqui que, em tese, entra a ciência que, no argumento do sociólogo alemão Hans Joas, fornece um "poder de ação maior sobre o ambiente".

A ciência nos permite construir aviões que pousam em segurança, remédios que curam pessoas mais rápido, vacinas que evitam que as pessoas fiquem doentes. O Estado é sensato em levar a ciência em consideração se quiser tornar melhor a vida de seus cidadãos por que ela é, no nível prático, um jeito muito eficaz de

---

162. Informações do Ministério da Saúde.
163. *Ciência e pseudociência*, Ronaldo Pilati.
164. A derrocada do comunismo e a ascensão do capitalismo liberal, como uma espécie de viés único para a sociedade parecia refutar qualquer tentativa de inovação e transformação social propostos por outras ideologias.

aumentar a qualidade – e a expectativa – de vida. Mas para que a ciência exerça esse papel de relevância, ela precisa, como já mencionado, lidar com as limitações psicológicas dos seres humanos, cujas raízes são, ao menos em parte, darwinianas. Nossos ancestrais sobreviveram em decorrência da assimilação de padrões no ambiente: o céu está preto; então, vai chover. A sombra atrás da árvore parece um rabo de onça; então é melhor fugir.

Mora aqui o apelo da astrologia: nada na ciência tradicional leva a crer que a influência gravitacional ou a radiação refletida por Júpiter e Saturno determinem de alguma forma a personalidade de um ser humano – embora Arago, em sua mensagem na obra *A Gênese*, de Allan Kardec, nos esclareça que pode influenciar, e muito.

O que a ciência oferece é uma forma de conhecimento em constante autorrevisão. Isaac Newton criou uma teoria que explicava bem a gravidade, mas Einstein suplantou-o com uma que explica melhor ainda. "O conhecimento científico, com suas verdades transitórias – as certezas que nunca se concretizam, de Popper –, é psicologicamente incômodo, pois o que é hoje, não mais o é amanhã. O conhecimento não-científico se acomoda mais fácil na mente humana", resume Ronaldo Pilati, autor de *Ciência e pseudociência*, porque acreditamos naquilo em que queremos acreditar. E se acomoda tão facilmente, num terreno tão plano, que até acreditamos que a própria Terra possa ser plana.

E esse é justamente o terceiro item de nossa lista de obscuridades repudiadas – ou não confirmadas – pela ciência: o terraplanismo.

A primeira pergunta do questionário que dá acesso ao maior grupo brasileiro de terraplanistas do Facebook é: "Você sabe que a Terra é plana?" E supondo que você saiba que sim, a segunda questão é mais exigente: "Cite ao menos três provas de que o Globo não existe". Se você for um terrabolista – um nome horrível, mas, infelizmente, uma das várias alcunhas dadas a quem admite viver em uma esfera, e não numa panqueca cósmica – talvez precise consultar o Google antes de passar à terceira e última pergunta, um verdadeiro desafio à inteligência humana: "Como funcionam o Sol e a Lua na Terra plana?"

Em seu modo pós-moderno de ver as coisas em um mundo de pós-verdades, os terraplanistas teriam despertado da Matrix, enquanto o resto da população mundial continua a viver, dividida em grandes massas manipuladas ou em pequenos grupos manipuladores.

Os terraplanistas andavam meio esquecidos, mas um documentário original da Netflix e um *tweet* recente de Olavo de Carvalho[165] – "Não estudei o assunto da Terra plana. Só assisti a uns vídeos de experimentos que mostram a planicidade das superfícies aquáticas, e não consegui encontrar, até agora, nada que os refute" – reacenderam a polêmica.

O minivestibular para entrar no grupo de Facebook, por exemplo, é uma espécie de senha para assegurar a coerência entre os membros. Um elemento crucial é a existência de um grupo social que valide as crenças individuais. Além disso deter um conhecimento que ninguém mais detém, claro, é muito atraente. Teorias da conspiração oferecem explicações simples para fenômenos complexos, ou fazem as pessoas acreditarem possuir conhecimentos secretos que os poderosos querem ocultar.

A perspectiva bíblica adotada por boa parte dos terraplanistas acrescenta um outro fato: a tradição judaico-cristã prevê um Cosmo com início, meio e fim. Além disso outras culturas tratam desse assunto ao seu modo. Quem teve a oportunidade de

165. Olavo Luiz Pimentel de Carvalho GCRBA – Sigla relativa à Ordem de Rio Branco, uma condecoração oferecida pelo Governo do Brasil – é um ensaísta e pensador brasileiro, tendo atuado no passado como jornalista e astrólogo, sendo considerado também um influenciador digital e ideólogo. Autoproclamado filósofo, estudou filosofia por conta própria, sendo um dos principais representantes do conservadorismo no Brasil.

assistir ao pacote bilionário de filmes da Marvel, teve também a chance de conferir de perto como, em tese, funcionaria um mundo plano, representado por Asgard, a terra dos deuses nórdicos, como Odin, Thor, Loki e Hela – inclusive, numa cena dramática, o personagem Hulk quase cai pela beirada dessa terra plana, um êxtase para os terraplanistas que viram seus sonhos realizados em grandes telas do mundo todo.

O modelo terraplanista dá a seus seguidores o conforto que a Astrofísica não fornece. Nele, é impossível transpor o "domo" que cobre a Terra, onde ficam encrustadas as estrelas. Tudo acabaria ali, a um raio de poucos quilômetros do chão.

E, se de um lado a ciência sofre com quem não consegue lidar com os desdobramentos filosóficos de suas conclusões, de outro, ela sofre com quem se entusiasma um pouco demais com esses desdobramentos. E nenhuma ciência, hoje, sofre mais desse "exagero para pior" que a mecânica quântica.

Alguém já ouviu falar de esoterismo quântico? A mecânica quântica é o ramo da física que descreve os fenômenos ligados a partículas subatômicas, átomos e moléculas. A mecânica quântica começou em 1900, quando Max Planck se deu conta de que a luz é composta de pequenas partículas, hoje chamadas fótons. Até então, a luz era descrita pelas equações de Maxwell apenas como uma onda, o que também está certo. Esse comportamento ambíguo da luz – que pode ser descrita simultaneamente como onda e um conjunto de partículas – está na base da física quântica. Há um experimento de laboratório célebre, o da dupla-fenda, que demonstra esse fenômeno. Entendê-lo é essencial para compreender um fenômeno do obscurantismo moderno: o esoterismo quântico.

Esse experimento foi feito pela primeira vez em 1801, por Thomas Young. No experimento da dupla-fenda, uma fonte de luz, como uma lanterna, é apontada para uma tela. Entre a fonte de luz e a tela é posto um obstáculo impedindo a luz de chegar à tela, como uma chapa de metal, mas com cortes verticais, paralelos, como dois retângulos verticais. Quando a luz passa pelos cortes, ela sai do outro lado dividida em feixes de onda, como num prisma. Na tela, então, são projetados, não duas "listras" feitas de luz, como poderia prever pela lógica, mas uma série de feixes verticais, como numa estampa listrada.

É aí que a situação começa a ficar interessante. Quando se colocou um sensor para determinar se o fóton passou pela fenda da esquerda ou pela fenda da direita, evitou-se a formação de um padrão listrado e na tela foram projetados apenas dois feixes luminosos. Mas o que o detector faz com os fótons para que a luz projetada deixe de formar um padrão listrado para apenas dois feixes paralelos? Não se sabe. Aliás, a ciência oficial não sabe exatamente, mas André Luiz dá uma dica muito válida:

> Reportando-nos, pois, à escala de excitação dos sistemas atômicos, vamos encontrar a luz, conhecida na Terra, como oscilação eletromagnética em comprimento médio de onda que nasce do campo atômico, quando os elétrons, erguidos a órbitas ampliadas pelo abastecimento de energia, retornam às suas órbitas primitivas, veiculando a sua energia de queda. Se excitarmos o átomo com escassa energia, apenas se alterarão aqueles elétrons da periferia, capazes de superar facilmente a força atrativa do núcleo. Compreenderemos, portanto, que, quanto mais distante do núcleo, mais comprido será o salto, determinando a emissão de onda mais longa e, por esse motivo, identificada por menor energia. E quanto mais para dentro do sistema atômico se verifique o salto, tanto mais curta e, por isso, de maior poder penetrante, a onda exteriorizada[166].

---

166. *Mecanismos da mediunidade*, de André Luiz, psicografado por Francisco Cândido Xavier, capítulo 3.

Mais adiante, complementa:

> Mais da metade do Universo foi reconhecido como um reino de oscilações, restando a parte constituída de matéria igualmente suscetível de converter-se em ondas de energia. O mundo material como que desapareceu, dando lugar a tecido vasto de corpúsculos em movimento, arrastando turbilhões de ondas em frequências inumeráveis, cruzando-se em todas as direções, sem se misturarem[167].

São propriedades – dentre tantas outras da física quântica – que desafiam o senso comum. E isso se tornou um combustível fértil para a imaginação de esotéricos. Se observar o fóton através de um equipamento muda seu comportamento, dizem eles, então a realidade pode ser alterada com a força da mente. André Luiz esclarece, sobre esse tema:

> Como alicerce vivo de todas as realizações nos planos físico e extrafísico, encontramos o pensamento por agente essencial. Entretanto, ele ainda é matéria – a matéria mental, em que as leis de formação das cargas magnéticas ou dos sistemas atômicos prevalecem sob novo sentido, compondo o maravilhoso mar de energia sutil em que todos nos achamos submersos e no qual surpreendemos elementos que transcendem o sistema periódico dos elementos químicos conhecidos no mundo. Temos, ainda aqui, as formações corpusculares, com bases nos sistemas atômicos em diferentes condições vibratórias, considerando os átomos, tanto no plano físico, quanto no plano mental, como associações de cargas positivas e negativas. Isso nos compele

167. Idem.

> naturalmente a denominar tais princípios de "núcleos, prótons, nêutrons, pósitrons, elétrons ou fótons mentais", em vista da ausência de terminologia analógica para estruturação mais segura de nossos apontamentos. Assim é que o halo vital ou aura de cada criatura permanece tecido de correntes atômicas sutis dos pensamentos que lhe são próprios ou habituais, dentro de normas que correspondem à lei dos *quanta* de energia e aos princípios da mecânica ondulatória, que lhes imprimem frequência e cor peculiares. Essas forças, em constantes movimentos sincrônicos ou estado de agitação pelos impulsos da vontade, estabelecem para cada pessoa uma onda mental própria[168].

Fica claro que esse é mais um daqueles temas que não se esgotarão tão cedo e deverá no futuro haver um meio termo entre os que acreditam religiosamente e os que duvidam completamente.

Mas André Luiz não foi o pioneiro a abordar questões ligadas ao pensamento, a vontade e a física quântica. Um dos pioneiros dessa mistura foi o astrônomo britânico Arthur Eddington[169], que, em seu livro *Nature of the physics world*, publicado em 1928, usou o *quantum* para debater o livre-arbítrio. O físico Fritjof Capra reviveu o mesmo tema com o livro *O tao da física*, já pós-André Luiz, um *best-seller* que juntava física quântica e misticismo oriental. Para ele, a consciência humana e o Universo formam um todo interconectado e irredutível. O que parece casar bem com certos postulados defendidos por Arago, em *A Gênese*, e André Luiz, em *Mecanismos da mediunidade*.

Bruce H. Lipton, em sua *Biologia da crença*, explora o tema de

---

168. *Mecanismos da mediunidade*, de André Luiz, psicografado por Francisco Cândido Xavier, capítulo 4.
169. Eddington é famoso por ter liderado a equipe que comprovou a Teoria da Relatividade de Einstein com fotos de um eclipse, feitas em Sobral, no Ceará, em 1919.

maneira inteligente e comprometida, sobretudo após suas descobertas tendo trabalhado ativamente com clonagem de células. A cultura *pop* produziu os luminares de tal ramo, entre eles Deepak Chopra, que promove a "cura quântica", e Amit Goswami, professor de física aposentado da Universidade de Oregon, nos EUA, que, em sua concepção, "os objetos são possibilidades dentre as quais a consciência quântica, que é Deus, escolhe uma".

De fato, a moda movimenta um amplo mercado de livros de autoajuda, palestras motivacionais e até cursos de saúde quântica em universidades particulares. Eles têm alguns pontos em comum: com base na dualidade onda-partícula, dizem que tudo é vibração, e atribuem frequências em Hertz (Hz) a emoções e estados de espírito. Nós como espíritas ficamos empolgados quando vemos as fontes de nossos estudos ganhando o mundo através de pessoas interessadas em comprovar e aplicar esse conhecimento por aí.

No entanto, todo novo conhecimento não prescinde de certos cuidados. Não ter controle sobre os fatos é incômodo, e a física quântica, se mal interpretada, provê a ilusão de que a realidade pode ser construída pelo observador. Não é que não pode, mas é um caminho ainda deveras complexo para que a maioria de nós trilhe por ele com sucesso e não raro causa mais frustração do que realização. Uma parcela desse movimento, encabeçada por Gregg Baden, afirma até ser possível reprogramar o DNA.

E, embora seja difícil imaginar a força do pensamento alterando a sequência de bases nitrogenadas das moléculas no interior do núcleo de cada uma dos seus 37 trilhões de células, mais uma vez aqui cabe a importância do estudo da questão existente entre a cura física, aprimoramento do DNA e melhoria da conduta moral, sugerida por Emmanuel na obra *O Consolador* e já abordada no capítulo referente ao fim das doenças.

Vamos, então, como espíritas, dormir com a cabeça mais fresca, sabendo da verdade e avançar em nossas reflexões. Precisamos achar um caminho para redescobrir a mente aberta. E ter humildade intelectual para as evidências que os outros trazem à discussão. Em suma, basta exercer o comportamento civilizado. Foi ele, afinal, que nos trouxe até aqui.

Capítulo 15

Um ensaio sobre a corrupção

DURANTE A CRISE que o Brasil viveu em 1954, Carlos Lacerda, na *Tribuna da Imprensa*, escreveu uma manchete que acabou por desencadear os acontecimentos que levaram ao suicídio de Getúlio Vargas: "Somos um povo honrado governado por ladrões".

O historiador brasileiro Leandro Karnal[170] discorda da afirmação. Tanto em uma entrevista recente[171] quanto em várias palestras ele vem refletindo sobre a questão da corrupção e expondo um ponto de vista bastante interessante: "Eu insisto, e tenho dito sistematicamente, não existe governo corrupto numa nação ética; e não existe nação corrupta com governo transparente e democrático. Quer dizer, sempre entre governo e nação há um jogo".

Sua análise histórica sobre a corrupção, não só no Brasil, mas

170. Leandro Karnal é um historiador brasileiro, professor da Universidade Estadual de Campinas (Unicamp). Foi também curador de diversas exposições, como A Escrita da Memória, em São Paulo, tendo colaborado ainda na elaboração curatorial de museus, como o Museu da Língua Portuguesa em São Paulo. Graduado em História pela Universidade do Vale do Rio dos Sinos (Unisinos), especializado em História da América e doutor pela Universidade de São Paulo (USP), Karnal tem publicações sobre o ensino de História, História da América e História das Religiões.

171. geledes.org.br/o-espelho-de-lazaro-ramos-e-leandro-karnal/

no mundo, revela que a maioria da população sempre acreditou que a falta de ética política, em geral, fosse um problema "com o mundo lá em cima", ou seja, algo relativo exclusivamente à classe especial dos governantes. No entanto, a corrupção seria um mal social, um mal coletivo, e não apenas do governo. O historiador vai ainda mais longe: "Eu seria muito feliz se todos os problemas estivessem concentrados em apenas um partido político. Pois bem, este partido não está mais no poder neste momento, e as denúncias de corrupção continuam. Então vamos afastar o outro partido? Você acha que isso nos conduziria ao paraíso? Ou que antes da existência desse partido, dessas pessoas, aqui era terra de gente experimentada na honestidade?"

Com certeza, uma bela síntese de onde estaria o cerne da corrupção.

"Eu vejo corrupção no trânsito, eu vejo corrupção no dia a dia, e, como professor, faz 33 anos que eu recebo atestado médico falso de aluno que perdeu prova. Então, é o governo que está em jogo, ou é um comportamento social do qual o governo também faz parte?", questiona o professor Karnal. "Há um interesse coletivo sobre o tema atualmente. Mas, está faltando [...] que nós consigamos pensar na microfísica do poder, ou seja, na falta de ética na escola, nas famílias e nas empresas."

Já o filósofo Paulo Ghiraldelli[172] tem uma visão menos determinista e não acredita que um governo corrupto seja o simples reflexo de um povo desonesto[173]. "Julgamos na política princi-

172. Paulo Ghiraldelli Jr. é filósofo, escritor, jornalista, tradutor e palestrante brasileiro. Doutor pela Pontifícia Universidade Católica de São Paulo - Master Business Administration (PUC-SP - MBA), Bacharel em Filosofia pela Universidade Presbiteriana Mackenzie, educação física pela Escola Superior de Educação Física de São Carlos, incorporada à Universidade Federal de São Carlos (UFSCar). Pós-doutorado em medicina social pela Universidade Estadual do Rio de Janeiro (UERJ). Atualmente é aposentado pela Universidade Federal Rural do Rio de Janeiro e diretor do Centro de Estudos em Filosofia Americana (CEFA).

173. ghiraldelli.pro.br/politica-2/populacao-nao-e-igual-ao-seu-governo-cuidado.html

palmente faltas éticas. Julgamos na vida não-pública faltas morais. [...] Favorecimentos de amigos na política é uma falta ética, mas, na vida privada, é uma lealdade. Nesse caso, o que é pecado na vida pública é uma virtude na vida privada. [...] O campo da política está sujeito a regras para a desonestidade que são bem próprias. Por isso mesmo é possível, em um país, haver regras de honestidade para a vida do cidadão, e que são cumpridas, e também existir nesse país uma prática política, por sua trama própria, indutora da corrupção. Desse modo, pessoas honestas na vida privada podem, nas circunstâncias da política de tal país, serem empurradas para pecados grandes e pequenos [...].

E finaliza seu raciocínio exemplificando que um empresário - que na sua vida particular, fora do campo de relações com o governo, nunca tinha roubado um clipe - pode corromper e ser corrompido no afã de tentar pegar do governo uma obra vital para sua empresa. O mesmo ocorre com um político que, desde os tempos de escola, e da mesma forma nunca havia roubado um clipe, estando num cargo de governo, precisa do apoio de outros e, então, cede a facilitações que levam à corrupção. "Vários países do mundo se salvaram porque suas populações não eram como seus governos. Aliás, é assim que os países se salvam."

E o mais provável é que tanto Karnal quanto Ghiraldelli estejam certos. No entanto, a corrupção é fenômeno inerente a qualquer forma de governo, seja democrático ou despótico, em países ricos ou em desenvolvimento. Um fenômeno que apenas reflete o estado em que ainda se encontra a humanidade. No último Ranking da Corrupção[174], o Brasil aparece na 105ª posição entre 180 países, com 35 pontos[175]. O *ranking* mede o índice de

---

174. ipc2018.transparenciainternacional.org.br/?gclid=CjwKCAjw-7LrBRB6EiwA-hh1yX_hxtWnVWi9j9CNAi7PwIRT5N6f7opRg4cRZAhlNQpQLyb9Ugg4ssBoC-cEEQAvD_BwE

175. O Ranking da corrupção foi organizado pela Transparência Internacional e divulgado em dezembro de 2014.

percepção da corrupção. Para calcular a nota que define a posição - mais corrupta, zero; menos corrupta, 100 pontos –, a ONG pergunta a entidades da sociedade civil, agências de risco, empresários e investidores qual é a percepção sobre a transparência do poder público.

O Brasil aparece atrás de países como Uruguai (70), Argentina (40), Chile (67), Ruanda (56) e Cabo Verde (57). A Dinamarca manteve o primeiro lugar (88), seguida da Nova Zelândia (87); Finlândia (85), Suécia (85) e Noruega (84). Na outra ponta da tabela, Somália aparece em último, com 10 pontos.

O que faz da Dinamarca um país menos corrupto? No documento, o país é citado como uma nação que tem um forte Estado de Direito, apoio à sociedade civil e regras claras de conduta para as pessoas que ocupam cargos públicos. O relatório menciona o exemplo, dado pelo país, de criar um registro público com informações sobre os proprietários de todas as companhias dinamarquesas, iniciativa criada pela ONG norte-americana Global Financial Integrity para o combate à lavagem de dinheiro, à sonegação de impostos e à corrupção. Até agora, apenas Reino Unido e Dinamarca aderiram à campanha.

O ambiente social do país também colabora. O professor dinamarquês Gert Tingaard Svendsen, especialista em corrupção, publicou em 2012 o livro *Trust*, onde mostra que na Dinamarca a confiança social é alta. Segundo ele, quando as pessoas confiam umas nas outras e nas instituições, há maior cooperação, a burocracia é menor e os investimentos em segurança são reduzidos. O professor fez uma pesquisa em 2005, em 86 países, perguntando às pessoas se elas confiavam umas nas outras. Na Dinamarca, 78% (três em cada quatro pessoas) disseram que sim. O Brasil aparece no final da lista: apenas 10% dos entrevistados (uma em cada 20 pessoas) disseram que confiam umas nas outras.

Além dos baixos índices de corrupção, Dinamarca, Finlândia,

Noruega, Suécia têm outra coisa em comum: investem alto em educação. Um levantamento feito pela *Folha*, no final de 2013, apontou que existe uma relação entre corrupção e educação. O estudo cruzou dados do Índice de Percepção da Corrupção e do Pisa[176]. Os dados mostraram que os países menos corruptos estão no topo da lista. O Brasil ficou em 58º lugar na avaliação do Pisa e, em 2013, ocupava o 72º no *ranking* da corrupção.

No Brasil, boa parte da percepção de que somos um país corrupto se deve aos sucessivos escândalos políticos de desvios de dinheiro público e à impunidade dos envolvidos na maioria dos casos. Daí surge outra "máxima" do senso comum: a de que "o poder corrompe". A frequência de denúncias e a falta de punições criou uma imagem de que a política aqui é, necessariamente, corrupta. Para estudiosos, essa noção é equivocada e contribui para que a corrupção seja aceita de forma quase natural, ou seja, se você foi eleito para um cargo público, já se espera que você não seja honesto.

Para muitos, a corrupção é um fator moral e cultural. Como descreveu o antropólogo Sérgio Buarque Holanda no livro *Raízes do Brasil*, o brasileiro - segundo ele, um indivíduo cordial, que pensa com a emoção - teria desenvolvido uma histórica propensão à informalidade, o que se refletiria nas suas relações com outros indivíduos, instituições, leis e a política. Esse comportamento explicaria a origem, mais tarde, do "jeitinho brasileiro". Nessa predisposição à informalidade, entre o que pode e o que não pode por meios legais, a malandragem, o "jeitinho" e frases como "você sabe com quem está falando?", surgem como formas de se obter vantagens e burlar regras seja no âmbito do poder ou nas nossas relações do dia a dia. Daí surge outra famosa expressão: "o Brasil é o país da impunidade".

176. Exame internacional que avalia estudantes de 15 e 16 anos em matemática, leitura e ciências.

Mudar esse comportamento só seria possível com mecanismos de controle e de fiscalização que coíbam ou reduzam as condições para práticas corruptas. Como pontua Claudio Abramo, diretor executivo do *Transparência Brasil*, a corrupção não é apenas uma questão moral, mas entender o cenário que permite que ela seja tão frequente é fundamental. "Não é o homem que molda o ambiente, mas o ambiente que molda o homem. São as condições materiais que regulam as interações entre as pessoas que determinam a maior ou menor propensão que elas têm de se meter em tramoias desonestas. Sob tal perspectiva, interessa pouquíssimo se um indivíduo é honesto ou desonesto. O que importa é, se o sujeito for desonesto, que as condições em que age deixem-lhe pouca margem para que aja desonestamente", acrescenta o diretor executivo.

Embora muito se fale que hoje a corrupção no Brasil é mais denunciada do que antigamente, sem a correta punição dos envolvidos é como se de nada adiantasse tomar conhecimento das ilegalidades. Se hoje denunciamos mais, talvez seja hora de avançar para tempos onde também se puna mais.

Sermos menos corruptos na vida privada, para sermos menos corruptos na vida política. Está aí um grande desafio, não só social e político, mas, principalmente, individual, nesse caminho para a regeneração.

Capítulo 16

A dificuldade da transformação interior

> Reconhece-se o verdadeiro espírita pela sua transformação moral e pelos esforços que faz para domar as suas más inclinações; enquanto que um se compraz em seu horizonte limitado, o outro, que compreende alguma coisa de melhor, se esforça para dele se libertar; e sempre o consegue quando tem vontade firme[177].

NO LIVRO *Causa e origem dos nossos males*[178], abordei as dificuldades que temos em abandonar velhos hábitos e construir novos, sob a perspectiva antropológica da ancestralidade, ou seja, uma série de fatores que moldaram nosso modo de ser em prol da sobrevivência, durante milhões de anos e milhares de encarnações, mas que, devido ao progresso moral da humanidade, esse modo de ser se tornou irrelevante e não raro pernicioso ao nosso progresso espiritual.

Mas, e se nosso próprio cérebro for contra nossa transforma-

177. *O Evangelho segundo o Espiritismo*, de Allan Kardec, capítulo 17, item 4.
178. Publicado pela Editora EME.

ção? Atualmente a ciência vem destacando um fator em especial, dentro de uma única existência, que contribui decisivamente para a dificuldade em mudar velhos hábitos e, consequentemente, atrapalhar nossa transformação interior: a neuroplasticidade.

Durante muito tempo, acreditou-se que o Sistema Nervoso Central (SNC), após seu desenvolvimento, tornava-se uma estrutura rígida, que não poderia ser modificada, e que lesões nele seriam permanentes, pois suas células não poderiam ser reconstituídas ou reorganizadas. Hoje, sabe-se que o SNC tem grande adaptabilidade e que, mesmo no cérebro adulto, busca reconectar suas conexões neurais a partir de novos estímulos, podendo modificar algumas das suas propriedades morfológicas e funcionais em resposta às alterações do ambiente.[179]

A marca da inteligência é a capacidade de aprender. Quando o assunto é neuroplasticidade, não há como deixar de mencionar os estudos pioneiros conduzidos por Michael Merzenich[180]. Desde a década de 1960, Merzenich estuda a possibilidade, ao longo de toda a vida, de criar novos circuitos e conexões neuronais em resposta a estímulos e experiências, o que resultaria em mudanças funcionais.

Nas décadas de 1970 e 1980, por meio de experimentos com animais, Merzenich demonstrou que os circuitos neuronais e as sinapses se modificam rapidamente de acordo com a atividade praticada. Em um dos ensaios, rearranjou os nervos na mão de um macaco e observou que as células do córtex sensorial do animal rapidamente se reorganizaram para criar um novo mapa mental daquele membro.

---

179. revistas.usp.br/actafisiatrica/article/view/102269

180. No fim dos anos 1980, Merzenich integrou o grupo da UCSF que desenvolveu o implante coclear. Em 1996, fundou a Scientific Learning Corporation, empresa que desenvolve *softwares* voltados a aprimorar o aprendizado infantil com base em modelos de plasticidade cerebral. Também foi um dos fundadores, em 2004, e é atualmente cientista chefe na empresa Posit Science, que desenvolve softwares para treinamento cerebral com base nos resultados de suas pesquisas. O programa é conhecido como *BrainHQ*.

Nos últimos anos, Merzenich tem-se dedicado a verificar se a prática de exercícios intelectuais pode ajudar a remodelar as funções cerebrais, possibilitando recuperar habilidades perdidas por causa de doenças, lesões ou envelhecimento. Seus estudos já foram publicados em mais de 150 artigos científicos - muitos deles em revistas de grande impacto, como *Science* e *Nature*. Ele também recebeu diversos prêmios acadêmicos[181].

Basicamente, Merzenich explica[182] que o cérebro foi construído para mudar de acordo com as experiências vivenciadas e a forma como é usado, e a esse processo contínuo chamamos *neuroplasticidade*. Quando trabalhamos para aprimorar uma habilidade, ocorre uma mudança nas sinapses ou conexões neuronais - nossa fiação cerebral -, ou seja, são selecionadas as conexões que dão suporte ao comportamento ou à habilidade que estamos desenvolvendo.

Em 2013, Merzenich publicou *Soft-Wired: How the New Science of Brain Plasticity Can Change Your Life*, livro no qual apresenta sete estratégias para que pessoas comuns possam assumir o controle dos processos de plasticidade cerebral e, assim, melhorar sua qualidade de vida: 1) A mudança está limitada a situações em que o cérebro está "interessado" em fazer. Ou seja, você precisa estar engajado e comprometido com elas; 2) Quanto mais tentamos, mais motivados e alertas ficamos. E quanto melhor ou pior for o resultado, maior é a mudança; 3) O que realmente muda no cérebro é a força das conexões dos neurônios em conjunto. E isso significa que, quanto mais você pratica algo, maior a capacidade de mudança; 4) Alterações nas conexões conduzidas pelo apren-

181. Como o Russ Prize, o Ipsen Prize e o Zülch Prize.

182. Em abril de 2016, Merzenich esteve no Brasil para apresentar uma palestra no 3rd BRAINN Congress, organizado pelo Instituto de Pesquisa sobre Neurociências e Neurotecnologia (BRAINN), um Centro de Pesquisa, Inovação e Difusão (CEPID) financiado pela FAPESP e sediado na Universidade Estadual de Campinas (Unicamp). Na ocasião, concedeu uma entrevista à Agência FAPESP.

dizado aumentam a cooperação entre as células cerebrais, o que é essencial para aumentar a confiabilidade do desempenho; 5) O cérebro fortalece conexões entre grupos de neurônios que representam momentos separados de atividades sucessivas, permitindo ao cérebro prever o que vem a seguir; 6) Mudanças iniciais são apenas temporárias. Elas só se tornam permanentes quando o cérebro julga os seus resultados, e 7) O cérebro muda por "ensaios mentais" do mesmo modo e com os mesmos processos que controlam mudanças adquiridas por interações no mundo externo. Portanto, a imaginação e as memórias também são úteis.

Dessa forma, assim como quando exercitamos nosso corpo obtemos uma série de benefícios e alteramos a regulação de uma série de processos bioquímicos, também o mesmo se dá ao exercitar o cérebro. Nesse processo, alteramos todo o seu funcionamento, seu suprimento de sangue e de energia, bem como a força de suas operações. Portanto, não apenas melhoramos uma habilidade em si, mas todo o maquinário cerebral. Quando jogamos pingue-pongue pela primeira vez, somos muito desajeitados; mas, após um ano de prática intensa, ficamos muito habilidosos: conseguimos ver e acertar a bola com alta acurácia. Por meio de mudanças físicas e químicas incrivelmente complexas – que se iniciam a partir do momento em que decidimos mudar um hábito ou aprender uma coisa nova –, cria-se um "novo" cérebro.

Nosso cérebro será diferente em uma semana e muito mais diferente ainda daqui a uma década. No entanto, pode ser uma mudança para frente ou para trás, ganhando ou perdendo habilidades. Depende do uso, já que podemos ter atitudes que degradam nossa habilidade de extrair informações úteis do mundo a nossa volta. Por exemplo: como um ser humano moderno, passamos várias horas por dia olhando para uma tela. Se passamos a julgar que as coisas importantes para nós estão acontecendo lá, a partir daí, tudo que está fora daquela tela passa a ser desimportante, inútil, como uma distração do que é importante.

Merzenich afirma que vários estudos mostram que o cidadão médio americano já perdeu em torno de 30% do seu campo visual aos 60 anos; e mais de 50% aos 80 anos. Ou seja, as coisas acontecem e a pessoa não vê, porque o cérebro acaba por rejeitar ou retardar aquele estímulo. E essa seria uma das razões pelas quais os idosos sofrem mais acidentes de trânsito.

O pesquisador explica ainda que o cérebro opera de forma muito limitada quando somos crianças e, progressivamente, vai aperfeiçoando seu maquinário de modo a operar com precisão cada vez maior. Os diferentes sistemas vão se tornando mais coordenados em suas ações e isso vai melhorando até o auge da vida - que no humano médio ocorre entre 20 e 40 anos de idade. Portanto, temos esse período da vida, de cerca de duas décadas, em que nosso cérebro opera em alta performance e depois deteriora. Se aos 30 anos uma pessoa está operando abaixo da média da performance da população, aos 60 ela pode estar só com 16% de sua capacidade e, aos 80 ou 85 anos, com 10%. De maneira simplificada, o cérebro do idoso tende a ser mais lento em suas decisões e menos fluente em suas operações do que na juventude, porque lida com as informações de forma mais confusa e degradada. Mas, o que muitas pessoas pensam sobre "quanto mais velho ficamos, mais neurônios perdemos" está errado.

Quando perdemos neurônios acontece uma adaptação cerebral para que as conexões sejam recuperadas - a chamada neurogênese, ou nascimento de novos neurônios. Isso acontece em uma região importante do nosso cérebro: o hipocampo. Essa área do cérebro está associada à memória, ao humor, à emoção e ao aprendizado e é por lá que grande parte dos novos neurônios são gerados. Quando novos neurônios nascem, o nosso cérebro se adapta para que as conexões entre os neurônios novos e os já existentes sejam reestruturadas e continuemos realizando nossas atividades de forma satisfatória.

Exercícios físicos e aprendizado são tidos como estimulantes da neurogênese, enquanto privação de sono e ingestão crônica de álcool e abuso de drogas são fortes inibidores. E pode-se treinar o cérebro velho e fazê-lo recuperar muitas de suas habilidades. Merzenich fez estudos pela *BrainHQ*, com diversas populações, e notou que é possível reverter esse declínio com exercícios de neuroplasticidade. Foram realizados quase 30 ensaios clínicos para avaliar a duração do efeito dos testes, e descobriu-se que há uma duração significativa em alguns domínios, bem mais do que em outros. Se exercitamos e mudamos a forma como o cérebro trabalha a atenção, isso é mais duradouro, pois é uma habilidade usada em muitas situações da vida real. Já quando exercitamos a habilidade de ouvir, a deterioração pode ser mais rápida se não formos músicos. Mas, de maneira geral, se atingimos um nível de alta performance em alguma habilidade, precisaremos estar exercitando-a, sempre, para manter o alto nível.

Em algumas populações em que o funcionamento do cérebro está mais propenso a se deteriorar — como é o caso de pessoas com pré-Alzheimer, que têm prejuízo cognitivo leve, ou com a doença de Huntington —, o declínio ocorre mais rapidamente quando o exercício é interrompido, mas, enquanto estão se exercitando, conseguem se manter relativamente estáveis, embora não se saiba ao certo por quanto tempo.

Seus estudos têm mostrado também que pessoas com distúrbios de comportamento podem reaprender a viver. Em outras palavras, no futuro poderemos ter cursos onde se treina a transformação interior com técnicas de neuroplasticidade, criando novas ligações sinápticas para potencializar a nossa condição moral.

Em tese, já podemos, por exemplo, tratar crianças com longo

histórico de abuso e negligência, que são condições que danificam o maquinário cerebral que controla o aprendizado. Essas crianças, ao mesmo tempo em que têm o maquinário cerebral de aprendizagem prejudicado, têm acesso a um repertório pobre, que não as prepara para a vida. Os novos estudos vêm demonstrando que há esperança para auxiliar essas crianças com tratamentos neurológicos utilizando técnicas de neuroplasticidade.

E, se os estudos de Merzenich vêm revelando as surpreendentes formas em que nosso cérebro pode evoluir, em paralelo, pesquisadores da Universidade Carnegie Mellon e da Universidade de Pittsburgh descobriram recentemente restrições surpreendentes em nossas habilidades de aprendizado e que o cérebro costuma "reciclar" truques a partir de seu repertório neural em vez de religar neurônios a partir do zero. Ou seja, as artimanhas do cérebro para fugir à neuroplasticidade, para continuar com os velhos hábitos e esquivar-se ao aprendizado de coisas novas, evitando a construção de novas sinapses nervosas.

Byron Yu, engenheiro biomédico e neurocientista da Carnegie Mellon e um dos líderes da pesquisa, jogou tênis por muitos anos. Quanto passou a jogar *squash*, descobriu que não conseguia deixar de realizar os mesmos movimentos das quadras de tênis. O cérebro não solta facilmente o que já sabe. Observando a atividade cerebral durante o aprendizado, Yu e seus colegas registraram evidências concretas da falta de plasticidade no nível neural. Essa descoberta deverá ajudar a explicar por que algumas coisas são mais difíceis de aprender do que outras.

A pesquisa começou há vários anos, quando Yu, Aaron Batista e membros de seus laboratórios começaram a usar Interfaces Cérebro-Computador (Brian-Computer Interfaces, BCI): *chips* do tamanho de uma unha que podem rastrear a atividade elétrica de neurônios no córtex motor do cérebro, que controla o movimento. Ao monitorar as sequências de picos de tensão que percorrem os neurônios ao longo do tempo, uma BCI pode calcular uma "taxa de pico" para caracterizar o comportamento de cada neurônio durante o desempenho de uma tarefa.

Quando Yu, Batista e seus colegas monitoraram o córtex motor de um macaco enquanto executavam tarefas simples como mover repetidamente os braços, descobriram que os neurônios estavam trabalhando em pequenos conjuntos, numa determinada área. A partir daí fizeram novo teste, onde primeiro deixaram os primatas se tornarem aptos a mover um cursor para a esquerda e para a direita. Em seguida, a equipe mudou o padrão dos movimentos do macaco, esperando ver evidências de uma estratégia de aprendizado que eles chamam *realinhamento,* em que o animal começaria a usar qualquer novo padrão de atividade trabalhado mais naturalmente ou os cérebros dos macacos poderiam ter aprendido através de um processo; ou o *reescalonamento,* no qual os neurônios envolvidos na tarefa original de aprendizado aumentariam ou diminuiriam suas taxas de pico até que se deparassem com um padrão que funcionasse.

Mas, para surpresa dos pesquisadores, nem o realinhamento nem o reescalonamento ocorreram. Em vez disso, os pesquisadores observaram uma abordagem altamente ineficiente chamada reassociação. Os animais aprenderam as novas tarefas simplesmente repetindo os padrões originais de atividade neural e trocando suas atribuições. Os mesmos padrões, que anteriormente haviam movido o cursor para a esquerda, agora o moviam para a direita e vice-versa.

Os testes indicaram que aprender implica esquecer. Em tese, mudanças nas conexões sinápticas entre os neurônios, para o realinhamento, parecem ser muito difíceis a curto prazo, e o cérebro acaba relutando em deixar as coisas que já sabe fazer. Mas, já que cada monitoramento não durou mais do que algumas horas, durante um período de tempo mais longo, o realinhamento ou o redimensionamento podem aparecer. Nesse caso, isso pode explicar diferenças em como novatos e especialistas processam novas informações relacionadas a um mesmo interesse, ou seja, os novatos tendem a se contentar com o que têm, enquanto os especialistas buscam consolidar o conhecimento. Isso pode ser uma base neural para esse fenômeno conhecido.

Os resultados de tais pesquisas nos auxiliam a entender um pouco melhor a variedade de forças que incidem sobre nosso comportamento e dificultam qualquer mudança de hábitos e de pensamentos. Daqui para frente, sempre que sentir frustração por não conseguir melhorar uma conduta arraigada, lembre-se de que essa é uma luta dupla: ao mesmo tempo em que lutamos contra hábitos e vícios, adquiridos em milhões de anos e milhares de encarnações, também lutamos contra a dificuldade que nosso próprio cérebro tem em se adaptar a novas formas de agir e pensar, no esforço de criar novas sinapses nervosas. Portanto, a paciência, o estudo persistente e a prática constante são exercícios fundamentais no processo de reestruturação de nossa moral. E cada vez mais a própria ciência nos mostra a importância de cuidarmos da infância e da juventude antes que o próprio organismo se torne uma barreira a mais ao reajuste interior.

Capítulo 17

Educar para o futuro

O GÊNERO HUMANO está enfrentando revoluções sem precedentes, onde nossas antigas narrativas estão sendo trocadas por novas que vieram para substituí-las. Como podemos nos preparar e a nossos filhos para um mundo regenerador repleto de transformações sem precedentes e de incertezas radicais?

Um bebê nascido hoje será um homem de 30 anos por volta de 2050. Se tudo correr bem, esse bebê poderá estar por aí em 2100, e até poderá ser um cidadão ativo no século XXII. O que deveríamos ensinar a esse menino (ou menina) que o ajude, a sobreviver e progredir no mundo da segunda metade deste século e nas primeiras décadas do século vindouro? De que tipo de habilidades ele vai precisar para conseguir um emprego, compreender o que está acontecendo a sua volta e percorrer o labirinto da vida? Infelizmente, como ninguém sabe qual será o aspecto do mundo em 2050 - muito menos 2100 -, não temos resposta para essas perguntas.

Tocamos nesse assunto alguns capítulos atrás. Há mil anos, em 1019, havia muitas coisas que as pessoas não sabiam quanto ao futuro, mas, assim mesmo, estavam convencidas de que as características básicas da sociedade humana não iriam mudar.

Quando estivemos encarnados em 1019, sabíamos que em 1050 a ordem atual poderia ser arruinada e nossa terra invadida por um povo vizinho, ou mesmo que uma epidemia pudesse matar milhões. Apesar das opções, estava claro que em 1050 a maioria das pessoas ainda estaria trabalhando como agricultores e tecelões, governantes ainda contariam com humanos para equipar seus exércitos e suas burocracias, os homens ainda dominariam as mulheres, a expectativa de vida ainda seria de mais ou menos 40 anos e o corpo humano seria exatamente o mesmo. Por isso, em 1019, pais pobres ensinavam seus filhos a plantar ou tecer, e pais ricos ensinavam seus meninos a ler, escrever ou lutar a cavalo; e ensinavam suas meninas a serem donas de casa recatadas e obedientes. Era óbvio para nós que essas aptidões ainda seriam necessárias em 1050.

Em contrapartida, hoje não temos ideia de que aspecto terá o Brasil ou o resto do mundo em 2050. Não sabemos o que as pessoas farão para ganhar a vida e não sabemos como vão funcionar exércitos ou burocracias, e não sabemos como serão as relações entre os gêneros.

Então, não é improvável que muito do que as crianças estão aprendendo hoje seja irrelevante em 2050. Atualmente, é enorme a quantidade de escolas que se concentram em abarrotar de informação os estudantes. No passado isso faria sentido, porque a informação era escassa. Se você vivesse, digamos, numa pequena cidade provinciana em 1800, teria dificuldade para saber muito sobre o resto do mundo. Não havia rádio, televisão, jornais diários ou bibliotecas públicas. Mesmo se você fosse letrado e tivesse acesso a uma biblioteca privada, não havia muito o que ler além de romances e tratados religiosos. Haveria um controle, provavelmente imperial, censurando todos os textos impressos localmente, e só permitia que fosse importada do exterior uma pequena quantidade de publicações previamente examinadas. E isso foi uma realidade no Brasil, México, na Rússia, na Índia, na Turquia, na China e em vários países. Quando vieram as escolas modernas, ensinando toda criança a ler e escrever e repassando os fatos básicos da geografia, da história e da biologia, elas representaram uma melhora imensa.

Na época em que Allan Kardec codificou a doutrina espírita, na França iluminista do século XIX, ou seja, *ontem*, Napoleão III achava ridículo crianças frequentarem escolas, já que não eram cidadãos produtivos. Quando Pestalozzi iniciou a tarefa de educar crianças órfãs, estava fazendo por elas um bem sem tamanho, pois estariam recebendo instrução acadêmica formal, antes dos filhos abastados dos nobres, o que poderia se reverter em melhores condições socioeconômicas para elas no futuro, já que não dispunham de uma família para lhes alicerçar a vida. No século XXI, estamos inundados por enormes quantidades de informação, e doravante censor nenhum será capaz de bloqueá-las.

Estamos vendo o nascimento de um novo tipo de censor. Os novos censores, em vez de bloquear a informação, ou riscar com um canetão vermelho o que "não pode" ser publicado, como na época do regime militar brasileiro, estão ocupados disseminando *fake news* ou nos distraindo com irrelevâncias. Quem vive em qualquer pequena cidade do interior pode ter um *smartphone* e passar a vida consultando a Wikipedia, assistindo a TED Talks e fazendo cursos gratuitos *on-line*.

Nenhum governo pode mais ter a esperança de esconder alguma informação da qual não goste. Por outro lado, é estupidamente fácil inundar o povo com relatos conflitantes e pistas falsas. Pessoas em todo mundo estão a um clique de distância dos últimos relatos sobre a União Europeia, ou das calotas de gelo derretendo no Ártico, mas há tantos relatos contraditórios, com tantas opiniões divergentes, que é difícil saber em qual acreditar.

Além disso, inúmeras outras coisas estão a um clique de distância, o que faz com que seja difícil concentrar-se, e quando a política ou a ciência parecem complicadas demais, é tentador mudar para alguns vídeos engraçados sobre gatos, fofocas de celebridades, pornografia ou o *e-commerce*. São muitas opções buscando relevância.

Mas esse é um fenômeno anunciado. Os espíritas que a partir de 1908 enfrentaram o desafio de ler *O problema do ser, do destino e da dor*, também tiveram a oportunidade de entrar no pensamento filosófico de um preocupado Léon Denis, que temia pelos espíritas frente a um mundo onde as informações selecionadas e detalhadas, seriam substituídas por informações abundantes e rasas, onde passamos os olhos por centenas de assuntos e ficamos sabendo um pouco sobre tonelada de assuntos, mas muito sobre pouquíssima coisa.

Mas num mundo onde abunda a informação, um professor precisa saber que dar a seus alunos *mais* informação possa não ser a prioridade. Eles já têm informação demais ou a podem consegui-la muito facilmente. O que as pessoas precisam urgentemente é da capacidade para extrair um sentido da informação, perceber a diferença entre o que é importante e o que não é, e acima de tudo combinar os muitos fragmentos de informação num amplo quadro do mundo.

Os pedagogos supõem que, enquanto derem aos estudantes grandes quantidades de dados, eles poderão formar sua própria imagem do mundo, em nome de valores como o da liberdade e que direcionar interpretações da realidade confunde-se com doutrinação. E toda sociedade acredita que essa visão romântica da educação é maravilhosa.

Mas, no Brasil essa não é uma regra geral. O sistema educacional atual vive num emaranhado de posições onde não se tem uma regra que valha para todas as escolas. No ensino público não se obrigam mais os alunos a usar uniforme, pois essa é uma atitude "excludente" com quem não pode adquiri-lo. E nem o

Estado pode arcar com tal despesa - não seria investimento? - e também não se pode mais reprovar os alunos, pois a reprovação pode desestimulá-los a estudar, incentivando-os a largar a escolar e ingressar no mercado de trabalho informal e mal remunerado ou no tráfico de drogas.

As escolas militares educam apenas os já educados, pois não querem crianças-problema em suas salas de aula. As escolas particulares dividem-se em quantas forem as ideologias da sociedade, escolas internacionais para que os alunos saiam de lá bilíngues; católicas para os mais conservadores e apaixonados por Maria; evangélicas para os mais focados em sua fé, onde o tradicional calendário pedagógico, como o Dia do Índio, Dia das Mães ou as festas juninas é silenciosamente ignorado - em nome de Jesus! -, e até espíritas, entre outras denominações.

Nesse momento aqueles leitores ligados à área da educação podem estar me execrando, mas esses exemplos, apesar das exceções que possam haver, fazem parte da realidade da educação brasileira.

Além de informação, a maioria das escolas também se concentra demasiadamente em prover os alunos de um conjunto de habilidades predeterminadas, como a de resolver equações diferenciais, escrever programas de computador em C++, identificar substâncias químicas num tubo de ensaio ou conversar em inglês. Tudo isso com um só objetivo: realizar o teste do Enem[183] ou prestar um exame vestibular. Mas, como não temos ideia de como o mundo e o mercado de trabalho serão em 2050, na realidade não sabemos de quais habilidades específicas vamos precisar, e, assim, seguimos o fluxo. Mas se esta geração não tiver uma visão abrangente do Cosmo, o futuro da vida não será decidido da melhor maneira possível.

183. querobolsa.com.br/enem

Podemos estar investindo muito esforço para ensinar as crianças como programar em C++ ou como falar chinês, para descobrir em 2050 que a IA pode programar *softwares* com muito mais facilidade que os humanos, e que um novo aplicativo de tradução do Google o habilita a conduzir uma conversa num mandarim ou russo quase impecáveis.

Então, o que deveríamos estar ensinando? Muitos especialistas em pedagogia alegam que as escolas deveriam passar a ensinar os quatro Cs - pensamento *crítico, comunicação, colaboração* e *criatividade*.[184] Num sentido mais amplo, as escolas deveriam minimizar habilidades técnicas e enfatizar habilidades para propósitos genéricos na vida. O mais importante de tudo será a habilidade para lidar com mudanças, aprender coisas novas e preservar seu equilíbrio mental em situações que não lhe são familiares.

Em 1848, milhões de pessoas estavam perdendo seus empregos no campo e indo trabalhar em fábricas nas cidades grandes. Mas, ao chegarem à cidade grande, era improvável que mudassem de gênero ou desenvolvessem um sexto sentido. E, se achassem trabalho em alguma indústria têxtil, podiam esperar permanecer naquela profissão pelo resto da vida.

Em 2048, as pessoas poderão ter de lidar com migrações para o ciberespaço, com identidades de gênero fluidas e com novas experiências sensoriais geradas por implantes de computador. Se acharem trabalho e sentido projetando versões atualizadíssimas de um jogo de realidade virtual em 3D, uma década depois não só essa profissão em particular como todos os empregos que exijam esse nível de criação artística poderão ser tomados pela IA. Até a implantação do mundo de regeneração por aqui, ainda muita coisa deverá acontecer e, como dissemos anteriormente,

---

184. educere.bruc.com.br/arquivo/pdf2017/24758_13961.pdf

essa obra não trata da era de regeneração que virá, mas do caminho até lá.

Desde tempos imemoriais a vida foi dividida em duas partes complementares: um período de estudo seguido de um período de trabalho. Na primeira parte da vida acumulamos informação, desenvolvemos aptidões, formamos uma visão de mundo e construímos uma identidade estável.

Quando aprendemos a domar o trigo e começamos a plantar regularmente, aos 15 anos passávamos a maior parte do dia no campo de arroz, da família (e não numa escola formal), aprendendo a cultivar, como conduzir negociações com os comerciantes da cidade grande e como resolver conflitos sobre terra e água, com outros aldeões.

Depois, de posse de uma série de habilidades acumuladas, criamos coragem para percorrer o mundo, ganhar a vida e contribuir para a sociedade. É claro que, mesmo aos 50 anos, continuamos a aprender coisas novas sobre arroz, sobre comerciantes e sobre conflitos, mas são apenas pequenos ajustes em habilidades já bem buriladas. E, estando no século XXI, um ritmo pontuado por mudanças aceleradas e uma vida mais longa, a continuidade desse modelo de vida, marcado pela continuidade, é incerto.

Quando temos 15 anos, toda a nossa vida é pautada em mudanças. O corpo está crescendo, a mente se desenvolvendo, os relacionamentos se aprofundando. Tudo está fluindo, e tudo é novo. Estamos ocupados inventando a nós mesmos. A maioria dos adolescentes acha isso assustador, mas ao mesmo tempo excitante. Novos panoramas abrem-se diante do ser, e temos o mundo inteiro para conquistar.

Mas aos 50 anos, não queremos mais mudar, e a maioria das pessoas desistiu de conquistar o mundo. Já passamos pelo mundo e conquistamos certas posições. Então resolvemos desacelerar e preferimos a estabilidade. Investimos tanto em carreira, família, identidade e ideais, construindo quem somos e o nosso lugar, que não queremos começar tudo de novo. E quanto mais duro trabalhamos para construir algo, mais difícil é deixá-lo ir embora e abrir espaço para algo novo. Poderíamos até mesmo apreciar novas experiências e pequenas atualizações em nossos conhecimentos e aptidões, mas a maioria das pessoas aos 50 anos não está disposta a rever as estruturas profundas de sua vida.

Mas os motivos para tal acomodação não são apenas de cunho moral. Como já vimos, há razões neurológicas envolvidas também. Embora o cérebro adulto seja muito flexível, ele ainda é menos maleável do que o cérebro de um adolescente. Reconectar neurônios e religar sinapses é um trabalho duríssimo. Atualmente, aos 40 anos contamos que vivemos metade da vida; portanto, entregar os pontos aos 50, nos acomodando sobre a montanha de vitórias e derrotas que conquistamos, não parece um bom negócio, já que ainda temos "a vida toda" pela frente.

Nesse caminho que estamos aprendendo a trilhar, à medida que estranhas novidades se tornam cotidianamente normais, nossas experiências anteriores passarão a ser guias menos confiáveis. Basta observar as dificuldades que nosso espírito imortal vem enfrentando para lidar com questões "mundanas" da atualidade. Há até alguns milênios vivíamos sob o imperativo de leis severas como o Código Hamurabi e a lei mosaica, que infligiam a famosa pena de talião, o "toma lá dá cá" ou "olho por olho, dente por dente", onde o castigo por um crime era semelhante ao próprio crime. Hoje esse comportamento é chamado de vingança, e não justiça. Em alguns países a pena de morte ainda está instituída e quem *mata* é passível de ser *morto*.

Mas, na maior parte do mundo, a justiça está mais sensível e menos arbitrária, embora ainda tenhamos dificuldade em assimilar esses ideais da modernidade e não há um ser humano que nunca tenha pensado em "dar o troco na mesma moeda" por uma afronta recebida, a antiga justiça que praticamos por milhares de encarnações. Resquício de nosso passado ancestral.

Podemos até dizer que a Revolução Industrial nos deixou, como legado, a ideia de linha de produção na educação. Em cada cidade existem prédios de concreto, divididos em muitas salas idênticas, cada sala equipada com fileiras de mesas e cadeiras. Ao soar uma campainha você vai para uma dessas salas junto com outras crianças que nasceram, todas, no mesmo ano que você. A cada três quartos de hora entra um adulto e começa a falar. São pagos para fazer isso. Um deles lhe fala sobre o formato da Terra, outro sobre o passado humano e um terceiro sobre o corpo humano. É fácil rir desse modelo, e quase todo mundo concorda que, a despeito de sua boa performance ao longo do tempo, ele não parece a melhor alternativa atualmente. Mas até agora não criamos uma alternativa viável, muito menos uma alternativa adaptável, que possa ser implementada tanto na megalópole paulista quanto na zona rural maranhense. O que nos faz pensar.

Assim, o melhor conselho que poderíamos dar a um jovem de 15 anos enfiado numa escola desatualizada em algum lugar do Brasil, da Índia ou do Alabama é: confie nas informações que recebe, mas mantenha-se atento e curioso. No passado, era relativamente seguro apostar no conhecimento "arquivado", já que o mundo se transformava lentamente.

Mas o século XXI está sendo diferente. Então, em quem confiar? Na tecnologia, talvez? É uma aposta ainda mais arriscada. A tecnologia pode nos ajudar muito, mas, se ela exercer demasiado poder em nossa vida, podemos acabar como um refém. Esta própria obra corre o risco de estar ultrapassada neste exato momento.

Milhares de anos atrás, os humanos inventaram a agricultura, mas essa tecnologia acabou enriquecendo uma pequena elite, enquanto escravizava a maioria dos humanos. A maior parte das pessoas acabou trabalhando, do nascer ao pôr do sol, arrancando ervas daninhas, carregando baldes com água e colhendo milho sob sol ardente. Isso pode acontecer com qualquer um de nós.

Mas a tecnologia não é ruim por si só. Se soubermos o que desejar na vida, ela pode ajudar-nos a conseguir. Mas, se não sabemos, será muito fácil para a tecnologia moldar nossos objetivos e assumir o controle de nossa vida. E, à medida que a tecnologia adquire uma melhor compreensão dos humanos, poderemos nos ver servindo a ela cada vez mais, em vez de sermos por ela servidos.

Pessoas andando pela rua com o rosto grudado em seus *smartphones*: elas estão controlando a tecnologia ou é a tecnologia que as está controlando? Cada um de nós precisa saber quem é e o que deseja da vida. Este é o mais antigo conselho registrado: conheça a si mesmo. Por milhares de anos, filósofos e profetas inspiraram as pessoas a conhecerem a si mesmas. Mas esse conselho nunca foi mais urgente do que é no século XXI, pois, diferentemente da época de Sócrates, agora nós temos uma séria concorrência.

Facebook, Coca-Cola, Amazon, Magazine Luíza e o governo estão todos correndo para *hackear* cada um de nós. Não raro ouvimos que nossos computadores correm o risco de serem *hackeados*, mas isso não é nem metade da verdade. A verdade é que estamos vivendo na era do *hackeamento* de humanos. Neste exato momento os algoritmos estão nos observando. Estão observando aonde vamos, o que compramos, com quem nos encontramos, quem mereceu nosso *like*. E, assim, esses algoritmos estão caminhando para nos conhecer melhor do que nós nos conhecemos. Então, para manter algum controle sobre nossa existência pessoal e o futuro de nossa vida, teremos que correr mais rápido que os algoritmos na busca do autoconhecimento, mais rápido que a Amazon e o governo, e conseguir conhecer-nos melhor do que eles nos conhecem. Antes que um APP lhe diga o que comer, o que comprar, para onde viajar e quem deveriam ser seus amigos, corramos tão rápido quanto pudermos, mas não levemos muita bagagem conosco. Abandonemos as ilusões, antes que elas nos abandonem[185], pois são pesadas.

185. *No mundo maior*, de André Luiz, psicografado por Francisco Cândido Xavier, capítulo 2.

Capítulo 18

O futuro da família

UM PAI QUE trabalha fora, uma mãe que fica em casa cuidando dos filhos, e que, assim que terminam os estudos, casam-se e saem de casa. Se essa é a sua família, saiba que ela está virando peça de museu. Nos últimos 30 anos, o modelo tradicional de família sofreu profundas alterações. Muitas crianças acostumaram-se a ter duas casas por causa do divórcio dos pais. Mães e pais solteiros começaram a tornar-se comuns. Mulheres entraram no mercado de trabalho e passaram a sustentar suas casas. Casais homossexuais encaram a sociedade e adotam filhos... E, nas próximas décadas, a tendência é que esses novos modelos familiares se consolidem. Todos eles.

Isso quer dizer que não vai existir uma "família-modelo" como a de nossos pais ou avós. No começo do século passado, as famílias eram quase sempre iguais. O núcleo era patriarcal: o pai fazia as vezes de "homem da família", trabalhava fora e era o único responsável pelo sustento da mulher e dos vários filhos. À mãe cabia o papel de educadora dos filhos e "rainha do lar". Ela cuidava da limpeza da casa, do preparo das refeições, da educação das crianças. Os filhos cresciam, estudavam e saíam de casa assim que arrumavam o primeiro emprego – para casar-se e repetir a mesma história, mais uma vez.

Mas esse foi um processo construído na ancestralidade, que se iniciou como o conhecemos quando começamos a andar sobre duas pernas. Quando começamos a caminhar com a coluna ereta, antes de nos tornarmos *homo sapiens*, abriram-se novas perspectivas e desafios à raça humana. Andar ereto fez com que os quadris humanos ficassem mais estreitos com o passar do tempo, o que acabou constringindo o canal do parto, num período em que a cabeça dos bebês se tornava maior, pois o cérebro humano crescia cada vez mais. Naturalmente as mulheres que davam à luz mais cedo, quando o cérebro e a cabeça do bebê ainda eram relativamente pequenos e maleáveis, sofriam menos e tinham mais chances de sobreviver e ter mais filhos. Nosso organismo se modificou, para que os nascimentos precoces fossem favorecidos.

E, de fato, em comparação com outros animais, os humanos nascem subdesenvolvidos, incapazes de sobreviver por conta própria. Na grande parte das espécies animais, o filhote deixa a mãe para buscar alimento por conta própria, ainda com poucas semanas de vida. Os bebês humanos são indefesos e, durante muitos anos, dependem dos mais velhos para dar-lhes sustento, proteção e educação.

Em eras remotas, as mães, sozinhas, tinham dificuldade para obter alimento suficiente para si e sua prole. Criar filhos requeria ajuda constante dos familiares e vizinhos. E esse foi o cerne ancestral da moderna família nuclear.

Mas, nas últimas décadas, o conceito de família começou a se alterar profundamente. A sequência casamento-sexo-filhos mudou; muitas vezes, nem existe o casamento. Dados do Instituto Brasileiro de Geografia e Estatística (IBGE) de 2002 mostram que os brasileiros estão se casando cada vez menos. A taxa de matrimônios caiu de 8 por mil habitantes em 1990 para 5,7 por mil em 2001. Enquanto isso, no mundo todo, as taxas de coabitação, ou seja, de pessoas que simplesmente vão morar juntas, triplicou.

Aqui no Brasil, entre 1991 e 2000, esse tipo de união chegou a 28,9% do total.

Por outro lado, o divórcio, que apareceu no século XX como um dos principais agentes de mudança da família tradicional, não para de crescer. Nos últimos 30 anos, os índices dobraram. No Brasil, estima-se que, a cada dez casamentos, três acabem em separação. É cada vez mais comum encontrar crianças que dividem seu tempo entre a casa da mãe e a do pai.

Outra mudança considerável foi o aumento do número de pais solteiros. Nos Estados Unidos, o número deles aumentou em 25% nos últimos cinco anos. No Brasil, dados do último censo do IBGE revelam que o crescimento foi ainda mais significativo. Em dez anos, o número de homens que cuidam de seus filhos em casa subiu 74,5%. No mesmo período, o número de mães solteiras cresceu 58,8%.

Ao mesmo tempo, as famílias nos moldes tradicionais devem continuar encolhendo. De acordo com o IBGE, em 1980 as famílias tinham, em média, 4,5 integrantes. Em 1992, o tamanho médio passou para 3,7 pessoas. Em 2001, caiu para 3,3 pessoas. Isso não quer dizer que as famílias vão desaparecer.

A família é universal e tem diversas funções. Atende a necessidades econômicas, uma vez que é muito mais fácil manter-se com ajuda de alguém; tem função afetiva, já que é uma espécie de ancoradouro dos indivíduos; e tem função social, pois é através dos laços que formam uma família que o tecido social fica coeso. E isso tudo não vai mudar. A família tem a capacidade de se adaptar ao momento histórico.

Segundo o IBGE, entre 1996 e 2006, o percentual de mulheres responsáveis pelos domicílios aumentou de 10,3 milhões para 18,5 milhões (27,3% do total), ou seja, é ela quem trabalha e traz dinheiro para casa. No entanto, os dados são reveladores por outros aspectos: 4% das mulheres reclamam do peso da responsabilidade na criação dos filhos e 3% denunciam a falta de autonomia em virtude das restrições impostas por seus maridos. No entanto, a dupla jornada, somando-se os serviços domésticos com o trabalho assalariado, é denunciada como negativa por apenas 11% das investigadas, ou seja, poucas mulheres questionam seu papel social e, da mesma forma, existem inúmeras mulheres que são extremamente machistas e que vêm aspectos negativos na troca dos papéis entre homens e mulheres[186].

No entanto, faltam ainda dados conclusivos referentes ao impacto do protagonismo da mulher frente à estrutura familiar, que a cada dia enraíza-se mais em outras questões. No ano de 2005, o Fórum Econômico Mundial elaborou o documento "Empoderamento das mulheres - Avaliação das Disparidades Globais de Gênero". Nesse documento constam as cinco dimensões importantes para o empoderamento e oportunidades para as mulheres: 1) Participação econômica: a presença da mulher no mercado de trabalho é importante para que possa diminuir o nível de pobreza entre elas e para que possa aumentar a renda familiar; 2) Oportunidade econômica: muitas vezes, mesmo realizando o mesmo trabalho que o homem, a mulher tem um salário menor que o dele; 3) Empoderamento político: direito à voz na formulação de políticas que afetam a sociedade; 4) Avanço educacional: sem uma educação de qualidade as mulheres não alcançam um bom emprego e não conseguem avanços em sua carreira profissional; 5) Saúde e bem-estar: pondera a diferença de acesso entre mulheres e homens a alimentos e cuidados de saúde.

Mas esse é um assunto assaz complexo e que ainda está em franco desenvolvimento - como vários outros assuntos discutidos em um mundo de transição como o nosso - e, na cabeça da

186. Pesquisa feita em 2001 pela Fundação Perseu Abramo, valendo de dados secundários da Fundação Instituto Brasileiro de Geografia e Estatística (FIBGE). O título desta pesquisa foi "A mulher brasileira nos espaços público e privado."

maioria das pessoas, tem sido entendido de formas muito variadas. Recentemente, nas redes sociais, um amigo, administrador de uma instituição espírita, postou uma enquete buscando saber o que as pessoas pensavam sobre a descriminalização do aborto[187]. O *post* se tornou um verdadeiro campo de guerra. Afirmações de mulheres, defendendo o aborto, explodiam em coro na forma do clichê "meu corpo, minhas regras", no que eram rebatidas por homens, em frases como "gravidez não diz respeito ao corpo da mulher, mas a outro ser, e a mulher não pode dispor dessa forma sobre outra vida". Na tréplica, muitas mulheres diziam que empoderamento feminino e aborto não diziam respeito aos homens, e estes contra-argumentavam que, por serem pais, tinham opinião, sim, tanto sobre a gravidez quanto sobre o aborto, pois os filhos não eram só da mulher.

A descriminalização do aborto, em si mesma, mal fora citada entre estes e outros comentários jocosos, o que revela, claramente, o quanto a sociedade ainda está confusa quanto a uma série de assuntos ligados ao papel dos gêneros, não apenas na formação familiar, mas na estrutura social.

Em vários âmbitos muitas mulheres têm confundido "empoderamento" com "ser igual ao homem", que, na prática, acaba por se traduzir em não ter filhos e investir a maior parte da vida em conquistas profissionais, ignorando que homens e mulheres têm papéis tão diferentes quanto relevantes, não só na própria natureza, mas também na formação do tecido social. Portanto, haverá muita discussão a respeito desses temas e, nas pró-

187. A indução do aborto no Brasil, embora seja crime, é uma prática recorrente, ao passo que se tornou um problema de saúde pública e, por esse motivo, cada vez mais mulheres morrem por esse motivo. Alguns grupos defendem, não a liberação, mas que o aborto deixe de ser considerado crime e a mulher não seja punida legalmente pelo ato. De maneira geral o espiritismo é contrário ao aborto em todos os âmbitos, menos em um: quando a gravidez é de alto risco e sua manutenção possa causar a morte da mãe.

ximas décadas, as regras ainda serão incertas. Não haverá uma fórmula próxima, porque as opções são múltiplas e ainda estão em construção.

De qualquer forma, retomando o tema de nosso capítulo, embora as estatísticas apontem a tendência de famílias nucleares menores, podemos perceber uma mudança ainda não refletida nas pesquisas: a aglutinação das famílias. Hoje em dia, por causa do desemprego ou da dificuldade em adquirir uma casa própria, muitos chefes de família, com seus filhos, estão morando na casa de seus pais. E não raro são eles, os aposentados, que mantêm a todos.

O novo Código Civil Brasileiro, que entrou em vigor em 2003, é um reflexo da mudança comportamental da família. A começar pela definição de família. No antigo Código, de 1916, a família legítima era a formada pelo casamento formal. Já no novo conjunto de leis, o conceito abrange as unidades familiares formadas por casamento, união estável ou comunidade de qualquer genitor e descendente.

E ainda temos as famílias compostas por pais ou mães homossexuais. Tais núcleos costumam se enquadrar em uma das três situações seguintes: pessoas que assumem a homossexualidade depois de um casamento heterossexual no qual tiveram filhos; homossexuais que adotam filhos e mulheres homossexuais que fazem inseminação artificial. Embora esse fenômeno ainda não tenha sido dimensionado no Brasil, acredita-se que a situação seja similar à dos Estados Unidos. Lá, 22% dos casais homossexuais têm a guarda de seus filhos. E, um fenômeno atual e bastante curioso: há uma espécie de luta entre os componentes de um casamento homossexual para que ele seja reconhecido como família, nos moldes dos casais tradicionais, na medida em que tentam ser um casal que apresenta as funções masculina e feminina, paterna e materna, na manutenção do *status quo*, e não algo diferente.

Todas essas mudanças podem dar um nó na cabeça das pessoas - principalmente das crianças. Uma pesquisa britânica mostra, por exemplo, que filhos de pais divorciados têm, em média, uma taxa de aprendizado educacional menor que a de filhos de pais casados. Além disso, famílias pequenas e dispersas podem trazer à tona um sentimento nada agradável: a solidão. Para combatê-la, vai ser cada vez mais comum pessoas "adotarem" seus amigos como parte da família - como acontecia em *Friends*, o famoso seriado de TV. Do ponto de vista sociológico e antropológico, a família é uma relação de alianças, afinidades e também de consanguinidade. Do ponto de vista psicológico, os amigos podem ser vistos como uma família que não existe. Do ponto de vista espiritual, família é um termo amplo que pode designar tanto as relações consanguíneas quanto as relações de afinidade.

Nos próximos anos, no entanto, poderemos ter novos paradigmas, que estarão aí para serem questionados novamente.

No entanto, para os espíritas, não importa qual seja a configuração familiar à qual participemos, Allan Kardec é muito claro ao nos ensinar que os espíritos formam, enquanto desencarnados, grupos ou famílias, unidos pela afeição, pela simpatia e pela semelhança das inclinações. Estes espíritos, felizes de estarem juntos, se buscam, seguindo juntos durante a encarnação, reunindo-se numa mesma família ou num mesmo círculo, trabalhando juntos para a evolução mútua. A união e a afeição existente entre familiares e parentes são o indício da simpatia anterior que os aproximou.

No entanto há também a encarnação de espíritos antipáticos ou estranhos uns aos outros nas famílias, com o duplo objetivo de servir de provas para uns e de meio de evolução para outros. Os maus têm, nesse sentido, a oportunidade de se aperfeiçoarem pouco a pouco, em contato com os bons e com os cuidados que deles recebem. Seu caráter se abranda, seus costumes se apuram, as antipatias desaparecem[188].

Dessa forma serve o lar para ambiente educacional para todos que nele se reúnem; por isso, se devemos ter o máximo de cuidado ao constituir uma família, maior cuidado ainda deveremos ter quando intentamos em desfazê-la, pois essa é uma situação que poderá demandar ainda outras encarnações para ser resolvida por completo. Apesar de poderem ser rompidas durante a temporada em que passamos na carne, normalmente as relações familiares são retomadas no mundo espiritual, onde entendemos em que ponto falhamos em nossas relações e nos programamos para retomá-las em outra encarnação.

188. *O Evangelho segundo o Espiritismo*, de Allan Kardec, capítulo 4.

Capítulo 19

A religião do futuro ou o futuro das religiões

SERÁ QUE ESSA visão "global" organizada pela espiritualidade pode também ser obtida a partir das profundas raízes das tradições religiosas? Parece uma pergunta retórica. Se toda religião tem base divina e Deus é um só, então a base de todas é a mesma. No entanto, as diversas crenças sobre a Terra se diversificaram tanto, que fica difícil encontrar uma coluna vertebral que as possa unir em torno de um mesmo objetivo.

Em vários círculos doutrinários, os espíritas vêm quebrando a cabeça pensando como e quando os ideais da Terceira Revelação conquistarão o mundo. Afinal, a reencarnação e seus naturais desdobramentos são fenômenos humanos e não religiosos. Então, seria natural pensarmos que os seres humanos deverão, em tese, aceitá-la em algum momento, assim que a consciência espiritual de cada ser humano for se tornando mais madura.

Léon Denis, o grande apóstolo do espiritismo, era menos otimista quanto a isso e logo no início do século XX, em sua obra *No invisível,* analisava a questão sob um ponto de vista mais racional, afirmando que a doutrina espírita seria não necessariamente a religião do futuro, mas, sim, o futuro da religiões, e que os preceitos espíritas seriam aos poucos absorvidos pelas religiões em toda parte, mas, claro, dentro da maneira de ser de cada crença.

Nesse quesito já estamos a meio caminho andado. A grande maioria das crenças é espiritualista, ou seja, acredita na existência da alma e na existência de seres de outra dimensão fora da matéria, seja o espírito de uma pessoa que já morreu, seja um espírito demoníaco, que lhe venha influenciar, ou um ser angelical que lhe venha inspirar. Moisés ouve a voz de Deus, mandando-o subir ao topo do Monte Sinai, quando recebe - ou psicografa? - o decálogo diretamente do Criador; Jesus encontrou os espíritos de Elias e Moisés no alto do Monte Tabor, e Maomé, líder da religião que mais cresce sobre a Terra, escreveu - ou psicografou? - o Corão, guiado pelas palavras do anjo Gabriel. Nas igrejas protestantes os crentes estão prevendo o futuro e "incorporando" espíritos, ora demoníacos, ora angelicais, que se comunicam em línguas estranhas através do fenômeno da xenoglossia - ou da zombaria. Isso quando um dito "Espírito Santo" não aparece para dar um "oi".

E grande parte das pessoas, ao ler essas palavras, provavelmente reagirá com ironia ou apreensão. Como, então, as religiões e, sobretudo, o espiritismo poderão nos guiar na era da inteligência artificial, da bioengenharia e do aquecimento global em meio a ataques de *hackers*?

Sejamos racionais então, e olhemos para o mundo como um todo. Bilhões de humanos ainda professam maior fé no Corão e na Bíblia do que na teoria da evolução; movimentos religiosos moldam as políticas de vários países e alimentam inúmeras animosidades. Então, quão relevantes são religiões como o cristianismo, o islamismo e o hinduísmo? Serão capazes de nos ajudar a resolver os problemas que enfrentamos?

Retrocedamos no tempo. Na época pré-moderna, durante a maior parte de nossa existência na Terra, as religiões eram responsáveis por resolver uma ampla gama de problemas em campos comuns, como a agricultura. Calendários divinos determinavam quando plantar e quando colher, e rituais no templo garantiam a chuva e protegiam contra pragas. Quando surgia uma crise agrícola devido à seca, ou a uma praga de gafanhotos, os agricultores voltavam-se para os sacerdotes a fim de que intercedessem junto aos deuses. A medicina também estava sob domínio religioso. Quase todo profeta, guru e xamã servia também de curandeiro.

Na época de Jesus, o curandeirismo estava em alta e esse foi um dos motivos pelos quais suas curas foram tão bem aceitas - e, claro, o fato de que Jesus era, provavelmente, o único que não cobrava pelo "atendimento" -, e com tão bons resultados que nem judeus, nem romanos o julgaram como uma fraude. E, devido ao próprio efeito placebo, qualquer curandeiro fajuto da antiguidade poderia alcançar 32% de bons resultados ou curas, o que é um valor elevado. O Cristo parecia entender bem desse assunto e várias vezes disse "a tua fé te curou", como forma de esclarecer que acreditar fortemente era importante no processo.

Se você vivesse no antigo Egito ou na Europa medieval e estivesse doente, provavelmente iria a um feiticeiro ou curandeiro e não a um médico, e faria uma peregrinação a um templo renomado, e não a um hospital. Na Palestina de 2 mil anos atrás era célebre o fato de que estava repleta de movimentos empreendidos por curandeiros e pretensos profetas, mas é desconhecido qualquer movimento de "médicos" itinerantes pregando bons hábitos e fazendo atendimentos em massa.

Atualmente, diversos outros profissionais tomaram o lugar dos antigos sacerdotes e curandeiros. Se o Egito for atacado agora por uma praga de gafanhotos, os egípcios bem que poderão pedir ajuda a Alá - por que não? -, mas não se esquecerão de recorrer aos pesticidas mais fortes. Se um espírita apresentar hipotireoidismo, irá ao centro espírita assistir a palestras, orar, receber passes, servir-se da água fluidificada e até rogar a intervenção espiritual de Jesus ou do Dr. Bezerra de Menezes em seu caso, mas não deixará de tomar medicamentos e fazer exames médicos. Se o filho de um hindu devoto estiver com um caso grave de sarampo, o pai fará uma prece a Dhanvantari, oferecendo-lhe flores e doces no templo local – mas só depois de levar o menino ao hospital mais próximo e tê-lo confiado aos cuidados dos médicos. Nos casos de doença mental, a Neurologia substituiu a Demonologia, e o Prozac tem sido mais eficiente do que o exorcismo.

O reconhecimento da importância da ciência tem sido tão aceito que a própria noção de religião mudou. Não associamos mais religião com agricultura e medicina, diretamente, como nos tempos antigos. Entendemos hoje que preces ou fluidoterapia são recursos de apoio à medicina tradicional. E não substitutos. Ao longo dos séculos, mesmo os mais ferrenhos crentes perceberam a diferença entre a fé e a razão, motivo pelo qual a autoridade religiosa tem diminuído em campos técnicos. Allan Kardec sabiamente pontuou que o espiritismo não sobreviveria sem o campo científico a lhe dar sustentação e servir de apara. E, da mesma forma que a ciência vem ganhando campo nas soluções práticas do dia a dia, a religião mantém-se insuperável em pelo menos um campo: o campo moral. Se fazer chover, profetizar e curar tornaram-se o calcanhar de Aquiles de muitas crenças pela Terra, o aspecto moral das religiões parece ser o ponto de encontro de todas elas.

É mais um motivo pelo qual o mundo inteiro torna-se, cada vez mais, uma única civilização. Quando algumas coisas parecem funcionar, todos as adotam. Não é sem motivo que os compêndios espíritas foram absorvendo cada vez mais conteúdos científicos, agregando-os como complemento aos postulados doutrinários "oficiais". Mas, enquanto a ciência nos fornece respostas claras a questões técnicas, a religião nos faz pensar nas implicações morais dessas respostas.

Por exemplo: quase todos os cientistas concordam que o aquecimento global é um fato, mas não há consenso no que concerne qual é a melhor reação a essa ameaça. As religiões tradicionais podem nos ajudar a resolver a questão estabelecendo uma base para a discussão, sob o ponto de vista de que é totalmente amoral, contrário à lei de Deus ou de Alá, destruir milhões de espécies animais, vegetais e recursos naturais, e ao mesmo tempo prejudicar milhões de seres humanos, em troca da manutenção de uma cultura consumista e do enriquecimento de uma elite.

Allan Kardec, na introdução de *O Evangelho segundo o Espiritismo*, caracteriza o Evangelho como "roteiro certo para a felicidade vindoura", o que é de uma relevância fundamental. Não importa qual seja a política econômica ou social escolhida por um governante, mas esta sempre deverá ser executada respeitando-se certos limites morais.

Quando enfrentamos um difícil dilema econômico, lemos Marx e Hayek atentamente, e eles ajudam a compreender melhor o sistema econômico, a ver as coisas de um novo ângulo e a pensar em soluções possíveis. Depois de formular uma resposta, voltamo-nos para o Evangelho e o lemos atentamente na busca por "aparar as arestas" de nossa decisão, de modo a poder executá-la da maneira mais humana possível.

Não importa qual solução encontramos. Se somos bons estudiosos do Evangelho, sempre seremos capazes de melhorá-la, devido à riqueza dos ensinamentos, adaptáveis a qualquer tempo. E esse é um dado curioso. Existem, sim, ideias econômicas no Evangelho ou em qualquer livro religioso das grandes tradições; elas apenas não estão numa linguagem atualizada. A leitura que o *mahatma* Gandhi fez dos *Vedas* permitiu-o imaginar uma Índia independente, como uma coleção de comunidades agrárias autossuficientes, cada uma tecendo suas próprias roupas, exportando pouco e importando ainda menos. Ora, não é esse o sonho de todo país? Ser autossuficiente, exportando mais do que importando? A mais famosa fotografia de Gandhi mostra o grande líder indiano tecendo algodão com as próprias mãos. E ele fez da humilde roça o símbolo do movimento nacionalista indiano.

Mas atualmente, devido à inevitável permeabilidade das expressões humanas, vemos fenômenos que se misturam, e dificilmente podemos interpretar conflitos religiosos sem levar em conta o impacto econômico. Por exemplo: há quem alegue que os problemas entre católicos e protestantes na Irlanda do Norte foram alimentados em grande parte por conflitos de classe. Devido a vários acidentes históricos, na Irlanda do Norte as classes superiores eram na maioria protestantes, e as classes inferiores eram na maioria católicas. Por isso, o que parece à primeira vista ter sido um conflito teológico sobre a natureza de Cristo seria de fato uma típica luta entre os que têm e os que não têm. Caso semelhante aconteceu na Alemanha na primeira metade do século XX. No viés religioso, o conflito entre judeus e cristãos é histórico, afinal os judeus sempre serão lembrados pelos cristãos como o povo que "matou" Jesus. Mas também não é novidade que, entre os vários motivos pelos quais Hitler empreendeu tantos esforços na perseguição aos judeus, foi o fato de que essa parcela da comunidade possuía muita relevância no mercado, sendo responsável por grandes operações industriais e comerciais em toda a Europa - além de detentores de grandes fortunas.

Então, onde a religião fará diferença no enfrentamento das grandes questões deste século? Atualmente Jesus pode ser facilmente recrutado para debater o aquecimento global e fazer com que as posições políticas atuais se encaixem em princípios religiosos ou morais eternos.

Isso já está começando a acontecer. Uma oposição a legislações ambientais está incorporada nos sermões enfurecidos de alguns pastores evangélicos americanos, enquanto o papa Francisco está conduzindo o ataque ao aquecimento global em nome de Cristo[189]. Contudo, embora possam citar várias passagens bíblicas em defesa de suas posições, a natural moralização da humanidade vem fazendo com que tanto os valores humanos quanto os ambientais estejam sendo defendidos por inúmeros grupos, não pelo viés religioso, mas por questões lógicas e racionais.

Então, por que algumas pessoas se sentem únicas e são leais a uma tribo humana e são hostis a outra? A maioria das distintas tradições religiosas espalhadas pelo mundo enche de beleza a vida diária e estimula as pessoas a se comportarem mais gentis e caridosas. Outras tradições religiosas enchem o mundo de feiura e fazem pessoas serem más e cruéis. Pouco há a dizer, por exemplo, em favor de uma religiosidade inspirada em discriminação de casta, como na Índia.

Mas, sejam belas ou feias, todas essas tradições religiosas unem certas pessoas enquanto as distinguem de seus vizinhos. Vistas de fora, as tradições religiosas que dividem as pessoas parecem ser insignificantes. Freud minimizou a "obsessão" que as pessoas têm quanto às questões religiosas, chamando de "o narcisismo das pequenas diferenças"[190]. O próprio espiritismo é contra o proselitismo e recomenda aos seus adeptos que não saiam por aí aos berros tentando convencer o mundo de que detêm a verdade absoluta. Cada qual com seu entendimento.

Allan Kardec, na introdução de *O Evangelho segundo o Espiri-*

189. epoca.globo.com/colunas-e-blogs/blog-do-planeta/noticia/2015/06/por-que-o-papa-decidiu-falar-sobre-aquecimento-global.html
190. pepsic.bvsalud.org/scielo.php?script=sci_arttext&pid=S2176-48912011000200004

tismo, explica que iria analisar sob o ponto de vista doutrinário apenas os ensinos morais do Cristo e não os aspectos históricos ou culturais das escrituras bíblicas. E optou por fazer isso, orientado pelo Espírito Verdade, pelo caráter universal desses ensinos, enveredando por um caminho mais racional do que realmente religioso.

Mas na História e na Política o pensamento freudiano ainda está em baixa, e pequenas diferenças ainda podem ter consequências profundas. Assim, se por acaso você carregar algum tipo de transtorno de gênero, isso é literalmente uma questão de vida ou morte, quer você viva em Israel, no Irã ou na Arábia Saudita. E – pasmem – até no Brasil.

Em Israel, a população homossexual usufrui da proteção da lei, e existem até mesmo rabinos que abençoariam o casamento entre duas mulheres. No Irã, homossexuais são sistematicamente perseguidos e, às vezes, até mesmo executados. Na Arábia Saudita, até 2018 uma mulher homossexual não podia nem mesmo dirigir um carro – só pelo fato de ser mulher, independentemente de ser homossexual. No Brasil, onde legalmente não existem restrições nesse aspecto e o casamento homoafetivo está oficializado, um homossexual é assassinado por um homofóbico a cada dezesseis horas, sendo campeão mundial nesse trágico pódio.

Um grande exemplo para entendermos a contínua importância das religiões tradicionais no mundo moderno vem do Japão. A partir do final do século XIX, quando foi forçado a abrir seus portos pela ameaça dos canhões estadunidenses, o Estado japonês embarcou num processo de modernização rápido e extremamente bem-sucedido. Uma versão oficial do xintoísmo foi estabelecida, agregando elementos do budismo, do confucionismo e da cultura feudal samurai, útil para cimentar a lealdade ao Estado[191] e o culto ao imperador japonês, considerado descendente direto da deusa do Sol, Amaterasu, como uma espécie de deus vivente. E esse estranho sincretismo funcionou incrivelmente.

Mas numerosos governos hoje adotam os instrumentos e estruturas universais da modernidade enquanto se fundamentam em religiões tradicionais para preservar uma identidade nacional única, como os cristãos ortodoxos, na Rússia; o catolicismo, na Polônia; o islamismo xiita, no Irã; o wahabismo, na Arábia Saudita, e o judaísmo, em Israel. O exemplo mais extremo pode ser visto hoje na ex-colônia japonesa da Coreia do Norte, onde há uma fanática religião de Estado chamada Juche, uma mistura de marxismo-leninismo, algumas antigas tradições coreanas, a crença racista na pureza única da raça coreana e a deificação da família do governante, que é cultuada com mais fervor do que foram quase todos os deuses na História.

Religiões, ritos e rituais continuarão a ser importantes enquanto o poder do gênero humano se apoiar em cooperação de massas, e enquanto a cooperação de massas se apoiar em crenças compartilhadas.

Certamente há os religiosos que adotam visões muito mais universais, como nós, espíritas. A doutrina espírita entende que há apenas uma fronteira no Universo: a que se localiza entre o mundo material e o mundo espiritual. E mesmo assim, as relações entre esses dois mundos são permeáveis e harmônicas e, inclusive, somos como compatriotas, podendo transitar entre as duas "nações" sem necessidade de visto e passaportes. Pena que os espíritas exerçam tão pouco poder político.

Aliás, existe uma antipatia entre os temas políticos e os temas espíritas, como se fossem incompatíveis. E os espíritas deixam de debater vários assuntos relevantes por conta de certos pudores.

---

191. Os pilotos suicidas kamikazes, famosos na Segunda Guerra Mundial, são um exemplo do resultado do "novo" xintoísmo.

Talvez seja um fruto do momento histórico em que o espiritismo foi codificado. A França de Napoleão III por certo não foi o ambiente mais adequado para se questionar valores políticos, e se o Espírito Verdade incorresse por esse viés, talvez o trabalho de Kardec pudesse ter sido censurado e suas obras queimadas pelo próprio Napoleão, antes que chegassem ao bispo de Barcelona.

Assim, o assunto ficou dormente e quando a literatura espírita floresceu no Brasil, também não se aventurou pela esfera política, em parte devido ao pudor dos próprios adeptos, em parte pelo fato de que tivemos por aqui um regime ditatorial que poderia igualmente ter posto fogo em muitas obras clássicas do compêndio psicografado por Francisco Cândido Xavier.

A própria obra *Nosso Lar*, lançada em 1943, trouxe ao movimento espírita organizado uma história que se passava em uma cidade espiritual, organizada aos moldes comunistas. Não havia propriedade privada, os serviços eram todos públicos e o mesmo governante estava no poder havia três séculos. A qualidade de vida dos cidadãos girava em torno da meritocracia e até a música que os habitantes da colônia Nosso Lar escutavam era o "Estado" que determinava. Quando o governador sentiu a necessidade de se alterar a alimentação dos cidadãos, não fez nenhuma votação democrática, mas impôs a nova norma e buscou companheiros de outra colônia para dar-lhe suporte na decisão.

Claro que, no caso da cidade em questão, sua gestão era realizada por espíritos muito elevados e de uma idoneidade inquestionável. O socialismo na Terra mostrou-se um dos sistemas mais corruptos jamais implantados, e o comunismo não saiu da esfera utópica. Mas mesmo o golpe militar no Brasil vindo apenas 21 anos mais tarde após a publicação de *Nosso Lar*, e já tendo o espiritismo plantado raízes férteis para profundas discussões políticas, os espíritas sempre evitaram discussões que caminhavam por esse viés ideológico.

Capítulo 20

O futuro de Deus

— Que é Deus?

— Deus é a inteligência suprema, causa primária de todas as coisas[192].

E, FALANDO EM Deus, é ótimo saber que Ele existe. E quando utilizamos o pronome, com E maiúsculo, não estamos nos referindo a uma pessoa no Céu, portanto, alguém com uma longa barba branca, mas uma inteligência intrínseca a todas as coisas. Mas no mundo de regeneração - que, quase certamente, não será espírita - todos saberão disso? Que tipo de Deus as pessoas, mundo afora, têm em mente? Que conceito de Deus a humanidade regenerada irá cultivar? Um mistério cósmico ou o legislador do mundo?

As várias denominações religiosas falam de Deus como um enigma espantoso, sobre o qual não se sabe absolutamente nada. Muitos invocam esse Deus misterioso para explicar as mais profundas questões do Cosmo. Por que existe algo em vez de nada? O que moldou as leis fundamentais da física? O que é a cons-

192. *O Livro dos Espíritos*, de Allan Kardec, questão 1.

ciência, e de onde ela vem? Nós espíritas temos respostas claras para essas perguntas, mas grande parte da humanidade dá à sua ignorância o grandioso nome de Deus, relegando uma série de mistérios a um mistério maior ainda, incapazes de dizer algo concreto sobre Ele.

Não raro veem Deus como um legislador inflexível e sabem exatamente o que Ele pensa sobre moda, alimento, sexo e política, e invocam esse "Homem Severo do Céu" para justificar uma infinidade de regulamentos, decretos e conflitos. Esse é o Deus dos cruzados e dos jihadistas, dos inquisidores, dos misóginos e dos homofóbicos. Esse é o Deus que mencionamos quando estivemos, em encarnações passadas, em volta de uma pira ardente, atirando pedras e xingamentos nos hereges postos ali para queimar.

Se a ciência não é capaz de explicar o *Big Bang*, portanto, deve ser obra de Deus, e substitui o mistério cósmico por um legislador trivial e, após ter dado o nome de Deus aos segredos desconhecidos do Cosmo, grande parte dos crentes O usam para, de algum modo, condenar biquínis, divórcios e o casamento *gay*. Na mente da maioria da população, o Criador do espaço e do tempo foi supostamente o autor da Bíblia, e deu-se ao trabalho de nos esclarecer muitas coisas em detalhes, desde alguns rituais obscuros até tabus alimentares. Mas hoje já existe uma abertura maior para lidar com esses temas, e de maneira geral já é bem difundida a ideia de que as histórias registradas no Velho Testamento são como parábolas, escritas por nossos antepassados para legitimar normas sociais e estruturas políticas, embora possam muito bem ter sido inspiradas por mentes desencarnadas superiores.

Allan Kardec questionou os espíritos: "Pode o homem compreender a natureza íntima de Deus?", obtendo como resposta:

"Não; falta-lhe para isso o sentido."[193] E, mais à frente: "Sabei, porém, que há coisas que estão acima da inteligência do homem mais inteligente, as quais a vossa linguagem, restrita às vossas ideias e sensações, não tem meios de exprimir"[194].

Mas talvez a melhor definição de Deus que já tenha havido é a do hinduísmo. É, no mínimo genial, e parece ter revelado o *Big Bang* muito antes dos cientistas. Em resumo, na visão dos Vedas, e posteriormente difundida pela teosofia, no Ocidente, "a inteligência suprema e causa primária de todas as coisas" chama-se Parabrahman. Por meio da substância primordial chamada de Mulaprakriti - a mesma que os espíritas conhecem por fluido cósmico universal -, Parabrahman manifesta-se fisicamente, como matéria, e dá origem a Brahman, ou seja, a inteligência suprema manifestada. Mas essa manifestação física obedece a um ciclo. Esse ciclo é conhecido como dias e noites de Brahman, ou Manvantara. Um dia de Brahman é chamando de Kalpa ou Aeon. O último Manvantara se iniciou em nossa realidade atual com o *Big Bang* científico, ou a criação do Universo, conforme a Gênese mosaica. Em tese, haverá, após o dia de Brahman - o período de maior expansão do Universo -, a noite de Brahman, ou Pralaya, que marca o fim da entropia do Universo, após seu período de expansão, e assinala um possível retorno da matéria ao seu ponto de origem. É como se o Universo expandisse e encolhesse como um balão, num processo eterno. Sendo assim, nosso espírito seria um desdobramento de Parabrahman; nosso perispírito, um desdobramento de Mulaprakriti, e nosso corpo e todo o mundo físico seriam desdobramentos de Brahman. Os três princípios funcionam em conjunto sob o mesmo princípio cósmico do Manvantara, mas em menor escala, por meio do ciclo reencarnatório - bem próximo ao que diz Arago, em *A Gênese*.

---

193. *O Livro dos Espíritos*, de Allan Kardec, questão 10.
194. *O Livro dos Espíritos*, de Allan Kardec, questão 13.

É claro que devemos nos perguntar sobre os mistérios da existência. O entendimento de Deus é um exercício de entendimento. Mas é bom sabermos que Deus está acima das minuciosas leis de qualquer religião - por isso fizemos um capítulo à parte para tratar de tal tema -, embora essas leis tenham sido importantíssimas no estabelecimento e na preservação da ordem social durante milhares de anos, mas são como as leis de Estado.

O terceiro dos Dez Mandamentos bíblicos instrui os humanos a nunca fazer uso indevido do nome de Deus. E talvez o sentido mais profundo desse mandamento seja que nunca devemos usar o nome de Deus para justificar nossos interesses políticos, nossas ambições econômicas ou nossos ódios pessoais.

Muitos cristãos, quando acham que algo está errado, não raro dizem: "Deus não aprova isso"; quando acha que algo está certo, diz: "Deus abençoa isso". Mas não há dúvida de que o mundo seria um lugar melhor se cumpríssemos o terceiro mandamento com mais devoção. Se quisermos julgar os outros, a partir de normas de certo e errado, deixemos Deus fora disso, e arranjemos outra desculpa. A grande maioria tem dificuldade em relacionar Deus aos mistérios do Universo e, quando pensa em Deus, é num conceito menor, mais pontual e restritivo, como o Deus de Israel, o Deus dos exércitos, o Senhor do ouro e da prata, e, em outras nações, o Deus do Estado Islâmico; em outro tempo, o Deus das Cruzadas, da Inquisição, e em protestos, mundo afora, estampando faixas descrevendo o que Deus odeia.

Mas esses pontos de vista apenas confirmam o que os espíritos disseram a Kardec: "[...] há coisas que estão acima da inteligência do homem mais inteligente, as quais a vossa linguagem, restrita às vossas ideias e sensações, não tem meios de exprimir." E, na verdade, queremos desesperadamente exprimir o que seria Deus, ou que seria a vontade de Deus, como um mecanismo de dar sentido às coisas.

Ora, a mente humana funciona dessa forma, faz parte de nossa natureza evolutiva criar conexões entre as coisas, é um mecanismo cognitivo de conexão com a realidade. Temos um ponto A e um ponto C, a mente naturalmente cria um ponto B unindo os pontos soltos. Se Deus é responsável por tudo e temos, então, uma galáxia espiral a um milhão de anos-luz, formada a partir de um buraco negro, e um idoso passando fome nas ruas da Somália, vamos automaticamente criar um ponto em comum que ligue esses dois pontos soltos.

É claro que um conceito tão amplo quanto o da "inteligência suprema", por si só, não nos ajuda muito no entendimento das coisas ou na preservação da ordem social. As 12 leis morais que compõem a Parte III de *O Livro dos Espíritos* são uma tradução dos princípios ligados à inteligência suprema, uma espécie de meio termo que busca unir os pontos soltos, que nos despertam ao entendimento das normas concretas que regem o Universo.

Mas, embora em nossa História, como humanidade, os deuses possam ter nos inspirado a agir com compaixão, a fé religiosa não foi obrigatoriamente uma condição necessária para o comportamento moral. A ideia de que precisamos de um ser sobrenatural que nos faça agir moralmente pressupõe que existe algo sobrenatural na moralidade. Mas por quê? A moralidade, de qualquer tipo, é natural. André Luiz fala disso na obra *Evolução em dois mundos*:

> Entretanto, quanto mais se integra a alma no plano da responsabilidade moral para com a vida, mais apreende o impositivo da disciplina própria, a fim de estabelecer, com o dom de amar que lhe é intrínseco, novos programas de trabalho que lhe facultem acesso aos planos superiores[195].

195. *Evolução em dois mundos*, de André Luiz, psicografado por Francisco Cândido Xavier, capítulo 18.

No que podemos complementar com Allan Kardec: "Onde está escrita a lei de Deus?" Resposta: "Na consciência"[196].

Assim, como afirma André Luiz, a moral é intrínseca ao nosso ser, e a verdadeira lei de Deus, segundo os espíritos superiores, está registrada em nossa consciência.

Todos os mamíferos sociais, de chimpanzés a ratos, têm códigos éticos que limitam coisas como roubo e assassinato. Entre humanos, a moralidade está presente em todas as sociedades, apesar de nem todas acreditarem no mesmo deus, ou em qualquer deus. Os cristãos agem com caridade mesmo sem acreditar no panteão hindu. Os muçulmanos dão valor à honestidade, apesar de rejeitar a divindade de Cristo, e países seculares como a Dinamarca e a República Tcheca, não são mais violentas do que países devotos como Irã e Paquistão. Daí que, para agir moralmente, não é preciso necessariamente acreditar em nenhum deus, mito ou narrativa.

Jesus soube, como ninguém mais, resumir a moral em uma única frase: fazer aos outros o que gostaria que nos fizessem.[197] Nada mais verdadeiro, afinal, desenvolvendo uma profunda noção do que é sofrimento, sabendo que uma ação causa um sofrimento desnecessário a você e a outros, naturalmente nos abstemos de empreendê-la. Assim mesmo, pessoas assassinam, estupram e roubam porque só têm uma noção superficial da infelicidade que isso causa.

Mas os humanos são criaturas sociais, e sua felicidade depende, em grande medida, de seus relacionamentos com outros. Sem amor, amizade e comunidade, quem poderia ser feliz? Se você vive uma vida solitária e centrada em você mesmo, é quase certo que se sentirá um miserável. Assim, no mínimo, para ser feliz você precisa se importar com sua família, seus amigos e os membros de sua comunidade.

---

196. *O Livro dos Espíritos*, de Allan Kardec, questão 621.
197. Mateus 7:12.

E quanto a quem é totalmente estranho? Por que não assassiná-los e tomar suas posses para enriquecer a mim e a minha família? Muitos pensadores construíram complexas teorias sociais, explicando por que a longo prazo esse comportamento é contraproducente. Ninguém gostaria de viver numa sociedade onde estranhos são rotineiramente roubados e assassinados. Não só porque você estaria em perigo, como porque perderia o benefício de coisas como comércio, que depende de haver confiança entre estranhos. Comerciantes normalmente não frequentam antros de ladrões. É por isso que teóricos seculares de todo o mundo têm justificado a regra que diz "não faça aos outros o que não quer que façam a você".

Mas na verdade não precisamos dessas teorias todas para encontrar um fundamento natural para a compaixão. Num nível muito mais imediato, ferir os outros fere a mim também. Todo ato violento no mundo começa com um desejo violento de alguém, o que perturba a paz e a felicidade da própria pessoa antes de perturbar a paz e a felicidade de qualquer outra. Assim, raramente alguém rouba, a menos que tenha primeiro desenvolvido muita ganância e inveja.

Pessoas normalmente não assassinam, a menos que primeiro tenham alimentado raiva e ódio. Emoções como ganância, inveja, raiva e ódio são muito desagradáveis. Não se pode ter alegria e harmonia quando se está espumando de raiva ou inveja. Daí que antes que nós assassinemos alguém, nossa raiva já matou nossa própria paz de espírito.

E mais: nós podemos ficar espumando de raiva durante anos, sem nunca assassinar o objeto de nosso ódio. Nesse caso não teremos ferido nenhuma outra pessoa, mas teremos ferido a nós mesmos. Portanto, em nosso próprio interesse - e não necessariamente o interesse de Deus - é que deveríamos induzir-nos a fazer alguma coisa quanto a nossa raiva. Se nós nos livrarmos totalmente dela, vamos nos sentir muito melhor do que se assassinássemos um inimigo.

É justamente disso que André Luiz e as entidades superiores tratam quando falam das questões da moralidade e das leis divinas. São princípios que se encontram conosco e servem aos nossos próprios interesses. No que Allan Kardec pergunta:

> Visto que o homem traz em sua consciência a lei de Deus, que necessidade havia de lhe ser ela revelada? Resposta: Ele a esquecera e desprezara. Quis então Deus lhe fosse lembrada. Confiou Deus a certos homens a missão de revelarem a sua lei? Resposta: Indubitavelmente. Em todos os tempos houve homens que tiveram essa missão. São espíritos superiores, que encarnam com o fim de fazer progredir a Humanidade[198].

E é por isso que temos profetas, pajés, rabinos, padres, mahatmas e religiões espalhados por todo o mundo. Para nos lembrar aquilo que, em tese, sabemos, mas acabamos esquecendo.

Para muitas pessoas, uma forte crença num Deus misericordioso que nos manda oferecer a outra face pode ajudar a dominar a raiva. Essa tem sido uma enorme contribuição à paz e à harmonia do mundo. Infelizmente, para outras pessoas, a crença religiosa na verdade incita e justifica sua raiva, em especial se alguém ousa insultar Deus ou ignorar suas "vontades". Da mesma forma, o valor dos ritos religiosos e dos lugares sagrados depende do tipo de sentimentos e comportamentos que eles inspiram. Se frequentar um templo faz a pessoa experimentar paz e harmonia, isso é maravilhoso. Mas, se um determinado templo causa violência e conflitos, para que precisamos dele? É

198. *O Livro dos Espíritos*, de Allan Kardec, questões 621 e 622.

claramente um templo disfuncional. Precisamos focar no objetivo final. Os meios são variados. Assim como não faz sentido tentar salvar uma árvore doente que produz espinhos em vez de frutos, tampouco faz sentido lutar por um templo defeituoso que produz inimizade e não harmonia. Jesus afirma com sabedoria que a árvore se conhece pelos frutos. E fez questão de secar a figueira estéril[199].

Dissemos anteriormente que a ideia do homem como medida de tudo tem nos obliterado a razão, acreditando que todo ser humano é um indivíduo, cujo valor não depende do que outras pessoas pensam a nosso respeito. Cada um de nós tem dentro de si a essência divina que dá valor e significado à vida. Mas mesmo a imagem que temos de Deus é passível de sofrer com esse fenômeno atual de "customização" da realidade. Santo Agostinho disse que aquele que seleciona da Bíblia o que quer e rejeita o que não quer, não acredita na Bíblia, mas apenas em si mesmo. E é justamente o que acontece atualmente, a customização da fé. A grande maioria dos católicos ignora a proibição do uso de anticoncepcionais e tem dúvidas quanto à virgindade de Maria; alguns até acreditam na reencarnação e dizem "uma coisa é o que o papa pensa, outra coisa é o que eu penso". Muitos protestantes-evangélicos buscam não se adaptar à doutrina bíblica, mas uma igreja que se ajuste à sua própria interpretação das escrituras. Muitos espíritas leem *A Gênese*, de Allan Kardec, torcendo o nariz para a explicação dos fenômenos empreendidos pelo Cristo.

O Deus do século XXI, dentre todos os períodos da História, é o mais pessoal e subjetivo que já existiu: é o "meu Deus" e não o "nosso Deus", o menos autoritário e o menos exigente. E, enquanto na Idade Média todo cristão acreditava que seria condenado ao inferno, hoje a grande maioria dos cristãos tem certeza

199. Mateus 21:18-22.

de que não serão condenados e dizem: "Deus me entende". Uma característica do fiel brasileiro.

Já os espíritas vêm demonstrando um radicalismo inverso e afirmam que, com certeza, serão condenados a uma temporada no *umbral*, uma afirmação descabida sobre esse "novo inferno" criado pelos espíritas, sob clara influência judaico-cristã e que aprenderam muito mal as lições deixadas por André Luiz no livro *Nosso Lar*.

Nas pregações cristãs fala-se pouco em compromisso ou responsabilidade, pois tornaram-se assuntos impopulares e, assim, temos a legalização de uma série de direitos, mas poucos deveres. Entre os espíritas a ideia do Consolador prometido espalhou-se de uma forma meio distorcida e hoje exaustivamente prega-se sobre um Jesus que consola, que abraça, que fornece um ombro amigo para chorarmos e nos protege, sem exigências.

Mas não frequentar templos e não acreditar em nenhum Deus também é uma opção viável? Depende. Há aí dois campos para discussão. Com relação à vida futura, ou seja, nossa verdadeira vida, que transcorre no mundo espiritual, a falta de conhecimento espiritual é causa de muitos tormentos aos recém-desencarnados. Quanto a isso não há dúvida de que a falta de fé e conhecimento sobre o além-túmulo tem sido um entrave ao progresso de muitos espíritos. Mesmo os adeptos de religiões espiritualistas, como católicos e protestantes, têm sofrido duras penas quando se descobrem "livres" de seus corpos físicos.

Mas não há que se generalizar. Quem ler a obra *O problema do ser, do destino e da dor*, de Léon Denis, o capítulo "Morte", irá deparar-se com as mais belas narrativas que a doutrina espírita pôde oferecer sobre a chegada de recém-desencarnados ao mundo espiritual, embalados pelo amor de amigos e familiares que lhes foram recepcionar no leito de morte. Claro que essas pessoas tinham uma vida moral equilibrada, pelo que se sabe, e é aí que entramos em outro campo de discussão.

Com relação à vida secular, o próprio Allan Kardec pôde observar, há "os espíritas sem o saberem"[200], ou seja, pessoas naturalmente afinadas com os princípios e postulados que embasam a doutrina kardequiana, sem que estejam necessariamente filiadas a alguma vertente religiosa.

200. *O Livro dos Médiuns*, de Allan Kardec, capítulo 3.

Capítulo 21

A busca pelo sentido

QUEM SOU EU? O que deveria fazer na vida? Qual o significado da existência? Humanos têm feito estas perguntas desde tempos imemoriais. Cada geração precisa de uma nova resposta, porque o que sabemos - ou não sabemos - está em constante mudança. O espiritismo auxilia a entender que somos seres espirituais vivendo uma experiência física em busca do autoaperfeiçoamento e isso inclui desenvolver aptidões, minimizar defeitos, administrar frustrações e colecionar qualidades, para que possamos viver uma vida plena na dimensão espiritual.

O problema é que, normalmente, somos mais imediatistas do que isso. Quando tomamos um copo d'água, sabemos o que fazemos porque estamos com sede e precisamos nos reidratar para sobreviver, é um ato que, por si só, não carrega um valor moral. Mas quanto a questões menos óbvias e mais abrangentes, buscamos que se conectem da melhor forma possível com nossa narrativa pessoal. Quando me sento no sofá para assistir a um filme qualquer, isso seria entretenimento? Ou seria procrastinação? Eu deveria ler um livro em vez de ir ao cinema? Minha profissão faz bem ao mundo? Estou educando bem meus filhos? O que me define? E, em quase todos os casos, quando nos perguntamos sobre o significado da vida, esperamos que haja uma história - ou seja, uma narrativa - sobre isso.

O *homo sapiens* é uma criatura contadora de histórias, que pensa por meio de narrativas e não através de números ou gráficos, e acredita que o próprio Universo funciona como uma narrativa, repleta de heróis e vilões, conflito, clímax, solução e um final feliz. Quando buscamos o sentido da vida, queremos uma narrativa que explique o que quer dizer "realidade" e qual é nosso papel particular no drama cósmico. Esse papel faz com que nos tornemos parte de algo maior e dá significado a todas as nossas experiências e escolhas.

A epopeia sobre o herói ateniense Teseu diz muito sobre as expectativas que temos sobre nossa própria existência. Teseu, filho do rei Egeu e Etra[201], é considerado um dos maiores heróis da mitologia grega, e sua grande importância está relacionada com sua força e valentia, que o levaram a matar Minotauro. No entanto, sua história é tão rica e detalhada, que abordá-la integralmente aqui tiraria o foco do que estamos querendo demonstrar. Faremos então um breve resumo de alguns dos tópicos principais de sua jornada.

Egeu, pai de Teseu, solicita a Etra que mantenha escondida do menino sua identidade e só lhe conte quem é o pai se ele for capaz de passar por um teste: levantar uma pesada rocha sob a qual ele escondera sua espada e suas sandálias. O menino, então, nasce com uma força surpreendente e, por isso, Etra acaba revelando ao jovem, quando completa 16 anos, o desafio, e ele

201. Egeu casou-se com duas mulheres, Meta, filha de Hoples, e Chalciope, filha de Rhexenor, mas não teve filhos com nenhuma delas. Temendo perder o reino para seus irmãos (Palas, Niso e Lico), Egeu consultou a Pítia, mas não entendeu sua resposta. Na volta para Atenas, Egeu se hospedou em Trezena, cujo rei Piteu, filho de Pélope, compreendendo o oráculo, fez Egeu se embebedar e deitar com sua filha, Etra. Na mesma noite, porém, o deus Poseidon também se deitou com Etra. Na verdade, Teseu era filho, digamos "biológico", do deus, mas o rei Egeu não sabia disso.

consegue erguer a pedra. Quando Teseu viaja a Atenas em busca do pai, o rei já o conhece pelos seus feitos – embora Egeu só saiba que ele era seu filho quando o jovem lhe mostra seus pertences.

Mas o que leva Teseu a ser reconhecido como um dos grandes heróis atenienses é ele ter libertado o povo grego do terror do Minotauro, um monstro com corpo de homem e cabeça de touro, conhecido também como "Touro de Minos", que habitava um labirinto abaixo do palácio e exigia sacrifícios anuais de jovens virgens. Muitos gregos já haviam morrido tentando matar o temido monstro.

Quando chega em Creta com o intuito de enfrentar Minotauro, Teseu se apaixona por Ariadne, uma princesa, filha do rei de Minos e da rainha Parsífae. Da mesma forma, Ariadne fica encantada com Teseu e resolve lhe ajudar a matar Minotauro. Sendo assim, ela lhe entrega uma espada e um novelo de lã para que ele, ao entrar no labirinto, onde Minotauro está preso, possa marcar o caminho de volta com a linha e, assim, sair dele. O artefato é conhecido como o Fio de Ariadne.

De tal modo, Teseu com sua grande força enfrenta e mata Minotauro, conseguindo sair do labirinto, vindo a se tornar, com a morte de Egeu, o rei de Atenas.

A epopeia grega nos conta muito sobre o drama da vida e sobre a impossibilidade de fugirmos do drama cósmico no qual estamos inseridos. O espiritismo conta que podemos fugir aos nossos deveres e obrigações o quanto quisermos, mas iremos fatalmente retornar ao ponto em que fomos omissos e reescrever nossa história. Teseu não sabia da própria história, mas fatalmente acabou frente a frente com o pai, devido aos seus feitos. Ele, no entanto, poderia nunca ter levantado a pedra e jamais ter descoberto que era filho do rei, nem se tornado governante de Atenas. Mas por força do "destino", ele estava inserido em um ciclo e não havia como fugir dele. Teseu viu-se capaz de feitos que o levaram a descobrir a própria identidade. Esse é um dos pontos altos da história, mas o ponto mais alto é o fato de que Teseu fez questão de caçar Minotauro, e, como príncipe, ele poderia ter delegado esse desafio a outro. Mas não. As mesmas qualidades que o haviam levado a ser sucessor do trono acabaram por levá-lo aonde nenhum ser humano jamais havia ido e o tornaram uma lenda viva.

Se Teseu fosse um personagem real, poderíamos, como espíritas, fazer uma avaliação e entender que, tornar-se príncipe, depois herói e, por fim, rei, estava em seu planejamento reencarnatório. Mas a própria história de Teseu nos mostra que, para que ele conquistasse tudo isso, foi necessário de sua parte uma boa dose de proatividade e que ele próprio se lançasse a desafios que nunca lhe foram impostos e, a partir do ponto em que ele decidiu seguir seu caminho, as coisas foram formando um encadeamento lógico que o levou ao cumprimento de seu destino.

Acreditar em alguma versão da narrativa do ciclo da vida quer dizer que temos uma identidade verdadeira, que determina nossos deveres. Por muitos anos podemos duvidar dessa identidade ou ignorá-la, mas, um dia, em algum grande momento, ela será revelada e compreenderemos nosso papel no mundo. Uma de nossas tarefas, no caminho para a regeneração é descobrir qual nosso papel nesse imenso projeto divino: afinal, por que existo?

No entanto, toda nossa narrativa de vida é incompleta. Não sabemos *exatamente* o que vivemos em existências pregressas nem qual será nosso futuro reencarnatório. Assim, para poder construir uma identidade viável para nós mesmos e emprestar sentido à vida, nossa narrativa pessoal precisa satisfazer apenas duas condições: primeiro, tem de nos dar algum papel a desempenhar. Segundo, uma boa narrativa, embora não precise se estender até o infinito, tem de se estender além de nossos horizontes.

Nós, espíritas, sabemos que, além da nossa história terrena, o elemento mais importante que sobrevive após nossa passagem é o espírito e a morte é meramente o espaço entre dois capítulos, e o enredo que começa num capítulo vai continuar no próximo. Mas essa concepção da vida como uma epopeia que nunca termina seria ainda mais fantástica se não padecesse de um problema principal. Ao estender nossa história pessoal em infindáveis reencarnações, não a estamos necessariamente tornando, de fato, mais significativa; apenas mais longa. E esse talvez seja um dos maiores desafios nessa caminhada até a regeneração planetária.

Milhares e milhares de vezes eu aprendo a andar, cresço, caso, brigo com minha sogra, tenho filhos, fico doente e morro - e depois faço tudo de novo. Qual é o sentido disso? Se eu acumulasse todas as lágrimas derramadas em minhas vidas anteriores, elas preencheriam o Oceano Atlântico; se eu juntasse todos os dentes e cabelos que perdi, eles formariam uma montanha mais alta que o Himalaia. E o que ganho com isso? Precisamos concentrar esforços em encontrar um meio de nos livrarmos desse carrossel. E não de perpetuá-lo.

O espírito André Luiz dá o nome de *completista* àqueles espíritos que não precisam mais, necessariamente, reencarnar na Terra. São aqueles espíritos que aproveitaram todas as oportunidades construtivas que a encarnação lhes ofereceu. Esses casos, raros, existem. O *completista*, na qualidade de trabalhador leal e produtivo, pode escolher, à vontade, o corpo futuro, se lhe aprouver o regresso à Crosta em missões de amor e iluminação, ou receber um veículo enobrecido para o prosseguimento de suas tarefas, a caminho de círculos mais elevados de trabalho[202]. *Completismo* poderia ser uma matéria de estudo na casa espírita, ou seria demais? E, realmente, desconheço algum espírita, por

---

202. Termo citado na obra *Missionários da luz*, de André Luiz, psicografado por Francisco Cândido Xavier, capítulo 12.

mais instruído ou iluminado que seja, que possa responder essa questão com exatidão: como me tornar um completista e quebrar o círculo reencarnatório de expiação e provas? Mas que existe uma maneira, existe.

No entanto, estamos tão atrelados às pequenas partes dessa equação reencarnatória cósmica, que passamos a vida a calcular *paciência + honestidade + gentileza – orgulho – vaidade + trabalho* na esperança de que, um dia, o resultado se reverta em mais amor e possamos alcançar algum progresso espiritual. No entanto, ao nos fixarmos nessa visão anatômica da moral, não podemos perder a visão global da vida.

E, mesmo que não possamos deixar algo tangível no mundo – como fundar uma instituição, escrever um livro ou ter um filho –, quem sabe possamos tornar o mundo um pouco melhor? Uma tarefa muito mais simples do que parece.

Podemos ajudar alguém, e essa pessoa poderá ajudar outra, e teremos contribuído, portanto, para a melhora geral do mundo, e acrescentar uma pequena conexão na grande corrente da bondade universal.

Quem sabe, sirvamos como tutores de uma criança difícil, mas brilhante, que ainda será um médico que salve centenas de pessoas? E se ajudarmos uma senhora idosa a atravessar a rua e alegrar uma hora de sua vida?

A mesma teoria do caos que explica como o bater de asas de uma borboleta em Pequim pode gerar furacões na Califórnia abre campo para que um abraço em Washington possa acabar com uma guerra no Oriente Médio.

Mas, para os que ainda se conservam céticos com relação a grandes correntes, legados futuros ou epopeias coletivas, talvez uma narrativa mais segura e parcimoniosa para qual possam se voltar seja o romance. A pessoa apaixonada vislumbra a eternidade como um romance sem fim. Ao contemplar Julieta com o queixo apoiado na mão, Romeu exclama: "Quisera eu ser, naquela mão macia, uma luva, roçando a doce face que sobre a mão repousa".

Mas, na verdade, a pessoa que amamos é apenas outro humano, não diferente em essência das multidões que ignoramos todos os dias na rua ou no supermercado. Mas ficamos felizes em estar com a pessoa amada e nos perdermos no infinito desse amor.

Poetas de todas as tradições frequentemente relacionam amor romântico com união cósmica. Poetas românticos retribuem o cumprimento escrevendo sobre suas pessoas amadas como se exaltassem uma divindade. Se você está realmente apaixonado por uma pessoa, não se preocupa tanto com o sentido da vida, pois tudo parece adquirir um sentido especial.

E se não estivermos apaixonados? Bem, se acreditamos na narrativa romântica, mas não estamos apaixonados, pelo menos sabemos qual é um dos objetivos principais de nossa vida: encontrar o verdadeiro amor! Já vimos isso em inúmeros filmes e lemos sobre isso em inúmeros livros. O espírito Emmanuel nos reconforta com a bela canção "Alma Gêmea"[203] e então sabemos que um dia vamos conhecer esse alguém especial, veremos o infinito em dois olhos brilhantes, nossa vida inteira subitamente fará sentido, e todas as perguntas que sempre fizemos serão respondidas ao repetir um nome mais e mais uma vez, como Romeu ao ver Julieta olhando para ele da sacada.

Ainda que uma boa narrativa atribua a cada um de nós um papel, que se estenda além de nossos horizontes, ela não precisa carregar uma verdade definitiva. De fato, até onde vai nosso entendimento, as milhares de narrativas que diferentes culturas, religiões e tribos criaram ao longo da História, são apenas basea-

203. Descrita na obra *Há 2.000 anos*, psicografada por Francisco Cândido Xavier.

das em fatos reais, acrescidas de alegorias e metáforas que lhes amplificam e universalizam a mensagem.

Talvez por isso a obra *A Gênese*, de Allan Kardec, seja a menos popular entre os espíritas. Olhar objetivamente para o Cristo e desconstruir as histórias clássicas, recheadas de misticismo e mistério, acabou por machucar o coração de muitos espíritas. Ler que Cristo não converteu água em vinho; que provavelmente não caminhou sobre as águas, mas projetou-se espiritualmente; e nem se ergueu fisicamente do túmulo, isso mexe com o íntimo do cristão mais racional, mesmo o espírita. Kardec enterrou os milagres do Cristo com a pá da ciência espírita, explicando em detalhes como se operara cada cura e fenômeno empreendido por ele e nos dando ensejo de que pudéssemos realizá-los de forma similar.

Heresia? Não, realidade! Kardec, como um mestre amoroso, vem pegar em nossa mão e nos guiar pelo caminho do Cristo e ainda nos ensinar como nos tornarmos iguais a ele! Mas a maioria de nós, quando vamos em busca de nossa identidade, somos como crianças numa caça ao tesouro. Tentamos entender quem somos e como nos encaixamos no mundo. A narrativa espírita ensina o valor de sermos corajosos, inteligentes e amorosos. Pacíficos, mas não passivos.

Consideremos nesse momento a força descomunal da narrativa cristã. Ela tem demonstrado um poder avassalador, que desafia qualquer ciência ou razão. Temos algumas poucas evidências de que nosso Cristo planetário, o "governador" da Terra, nasceu na forma de uma vida à base de carbono, em algum lugar da Via Láctea, cerca de 2 mil anos atrás e no entanto, instituições enormes foram construídas sobre essa narrativa, e seu peso pressiona com tamanha força, que elas mantêm essa história no lugar.

Obras como a *A Gênese*[204] e *A caminho da luz*[205], além da minha própria *Governador da Terra*, auxiliam a entender que a linguagem simbólica encontrada pelos autores bíblicos, foi a melhor encontrada para transmitir o que sabiam. Mesmo porque a esse tempo não existia História formal e muito menos a ideia de que qualquer registro de alguma coisa acontecida deveria ter algum caráter pedagógico. As narrativas que proveem aos povos, sentido e identidade, acabam por misturar realidade e metáforas simbólicas, devido à sua ancestralidade, a falta de entendimento dos fenômenos que as compreendem e até a falta do vocabulário para descrevê-las.

E como trazer a narrativa para a realidade? Já há milhares de anos, sacerdotes e xamãs acharam a resposta: rituais. Um ritual é um artifício ainda necessário em quase todas as crenças e que auxilia o abstrato a se tornar concreto; a metáfora simbólica, real. Para que o Cristo se tornasse real para os primeiros devotos, na cerimônia da missa, o padre tomava um pedaço de pão e uma taça de vinho e proclamava que o pão é o corpo de Cristo, o vinho é o sangue de Cristo, e que ao comê-lo e bebê-lo o fiel alcançaria a comunhão. O que poderia ser mais real do que provar Cristo em sua boca?

Tradicionalmente, o padre fazia essas ousadas proclamações em latim, a antiga língua da religião, da lei e dos segredos da vida. Diante dos olhos assombrados dos aldeões reunidos o padre erguia bem alto o pedaço de pão e exclamava *Hoc est corpus*[206] - Este é o corpo! -, e o pão torna-se supostamente o corpo de Cristo.

---

204. *A Gênese*, de Allan Kardec.
205. *A caminho da luz*, de Emmanuel, psicografado por Francisco Cândido Xavier.
206. Apenas a título de curiosidade: nas mentes de camponeses iletrados, que não falam latim, *Hoc est corpus* se confundiu com *Hocus pocus*, e assim nasceu um poderoso "feitiço" que nos contos medievais seria capaz de transformar um sapo num príncipe e uma abóbora numa carruagem.

E quase tudo pode ser transformado num ritual, ao se dar a gestos triviais, como juntar as mãos, acender velas ou tocar um sino um significado transcendental. No Brasil usa-se roupa branca no *Réveillon* para trazer paz ao ano seguinte, mas na verdade é um ritual que começou a partir dos devotos de Iemanjá, que se vestem de branco, ofertando flores ao orixá africano, e "viralizou". O alimento também pode ser carregado de sentido espiritual bem além de seu valor nutricional, sejam ovos da Páscoa, que simbolizam uma nova vida e a ressurreição de Cristo; sejam as ervas amargas e o pão ázimo que os judeus têm de comer no *Pessach* para relembrar seu tempo de escravidão no Egito e sua miraculosa fuga; ou mesmo uma bela galinha preta assada servida com farofa numa encruzilhada. Quase não há um prato no mundo que não tenha sido interpretado como símbolo de alguma coisa!

As cortes reais cultivavam protocolos extremamente elaborados, que correspondem às cerimônias religiosas mais complicadas. Entre os militares, disciplina e ritual são inseparáveis, e os soldados, da Roma antiga até o presente, passam horas sem conta marchando em formação, saudando seus superiores e lustrando botas.

E, de todos os rituais, o sacrifício é o mais potente, porque, de todas as coisas do mundo, o sofrimento é o que há de mais real. Se jejuamos em nome de Deus, a tangível sensação de fome, mais do que qualquer estátua, vela ou ícone, faz com que Deus pareça estar presente. Em todo o Brasil centenas de denominações protestantes enviesam seus seguidores por uma procissão de sacrifícios sem fim, prometendo verdadeiras trocas miraculosas entre eles e Deus. E assim carros, casas, fazendas e até o dinheiro do aluguel e do pão têm sido sacrificados à revelia de uma fé que lhes promete dez, cem vezes mais do que sacrificaram, numa espécie de pirâmide de investimentos "divina", melhor do que o Tesouro Direto ou a Bolsa de Valores. Há ainda sacrifícios mais íntimos, onde, em troca de dádivas divinas, como a cura de uma doença ou a aquisição de um bem material, os crentes fiéis autoimpõem-se certas restrições, como as alimentares, deixando de comer ou beber algo que muito lhes custe. Citando os mais comuns. E, entre os católicos, é ainda muito difundida a prática da romaria, na qual os fiéis se sacrificam, em peregrinações por dezenas e até centenas de quilômetros, em busca de reforçar sua fé ou conseguir dádivas sagradas.

E quando a solicitação do fiel sacrificado não é atendida, é porque o sacrifício foi pouco, ou não foi feito com a fé necessária. E assim se inicia outro processo de sacrifício, onde se doam mais bens, come-se menos ou caminha-se mais.

Até mesmo no romance, todo aquele que aspira a ser um Romeu sabe que sem sacrifício não existe amor verdadeiro. O sacrifício não é apenas um modo de convencer a pessoa amada de que seu amor é sério - mas um meio de convencer a si mesmo de que está realmente apaixonado.

O autossacrifício em prol de um bem maior, como o bem-estar social ou a reforma política, é extremamente convincente não apenas para os próprios mártires, mas também para os espectadores. Poucos deuses, nações ou revoluções são capazes de se sustentar sem mártires. Para muçulmanos xiitas o principal drama de seu universo aconteceu no dia da Ashura, em 680. Nesse dia, no Iraque, soldados de Yazid assassinaram Hussein ibn Ali, neto do profeta Maomé. Para os xiitas, o martírio de Hussein veio simbolizar a eterna luta do bem contra o mal e a dos oprimidos contra a injustiça. Assim como a liturgia cristã reencena repetidamente a última ceia, a prisão, o julgamento, a crucificação e a ressurreição na Paixão de Cristo, os xiitas reencenam o drama da Ashura e representam a paixão de Hussein. Milhões de xiitas juntam-se todos os anos numa peregrinação ao santuário de Karbala, estabelecido no local em que Hussein foi martirizado, e no dia da Ashura os xiitas em todo o mundo realizam rituais matinais, em alguns casos flagelando-se e se cortando com facas e correntes.

Quando pensamos em sacrifício humano geralmente temos em mente rituais horríveis em templos cananitas ou astecas, e é comum alegar que o monoteísmo deu fim a essa terrível prática. Na verdade, os monoteístas praticavam o sacrifício humano em escala muito maior que a maioria dos cultos politeístas. O cristianismo e o Islã mataram muito mais gente em nome de Deus que os seguidores de Baal ou Huitzilopochtli. Ao mesmo tempo que os conquistadores espanhóis davam fim a todos os sacrifícios humanos aos deuses astecas e incas, em casa, na Espanha, a Inquisição queimava hereges aos montes.

Sacrifícios podem vir em todos os formatos e tamanhos. Nem sempre envolvem sacerdotes empunhando facas ou *pogroms* sangrentos. O judaísmo, por exemplo, proíbe que se trabalhe ou viaje no dia sagrado do Shabat[207], que começa ao pôr do sol da sexta-feira e vai até o pôr do sol do sábado. Os judeus ortodoxos não fazem nenhum tipo de trabalho *mesmo*, nem mesmo podem rasgar papel higiênico do rolo, no banheiro, e, assim, os devotos que quiserem se limpar no Shabat têm de preparar antecipadamente um esconderijo com papel higiênico já rasgado.

Nem o transporte público funciona. Uma avó bem-sucedida financeiramente não terá problema algum em dirigir seu carro para visitar seus netos em outra cidade, mas uma avó pobre não terá como fazer isso, porque não há ônibus ou trens. Ao impor essas dificuldades a centenas de milhares de cidadãos, os partidos religiosos comprovam e consolidam sua inabalável fé no judaísmo. Embora nenhum sangue seja derramado, o bem-estar de muita gente está ainda assim sendo sacrificado.

---

207. O significado literal da palavra *shabat* é ficar imóvel, descansar.

A maior parte das grandes histórias do gênero humano estabeleceu ideais que a maioria das pessoas não é capaz de realizar. Quantos são os cristãos que realmente cumprem os Dez Mandamentos ao pé da letra, e nunca mentem, cobiçam ou traem? Quantos budistas atingiram até agora o estágio de ausência de ego? Quantos socialistas trabalham com sua máxima capacidade sem receber mais do que realmente necessitam?[208] Quantos espíritas estão fazendo a caridade, amando o próximo como a si mesmos?

Incapazes de corresponder ao ideal, as pessoas voltam-se para o sacrifício como uma solução. Assim como na antiguidade, também no século XXI a busca humana por sentido acaba frequentemente numa sucessão de sacrifícios.

Allan Kardec teve oportunidade de conversar com os espíritos superiores sobre tais assuntos e o *real* valor do sacrifício:

> 720. São meritórias aos olhos de Deus as privações voluntárias, com o objetivo de uma expiação igualmente voluntária?
>
> Fazei o bem aos vossos semelhantes e mais mérito tereis.
>
> a) Haverá privações voluntárias que sejam meritórias?
>
> Há a privação dos gozos inúteis, porque desprende da matéria o homem e lhe eleva a alma. Meritório é resistir à tentação que arrasta ao excesso ou ao gozo das coisas inúteis; é o homem tirar do que lhe é necessário para dar aos que carecem do bastante. Se a privação não passar de simulacro, será uma irrisão.
>
> 721. É meritória, de qualquer ponto de vista, a vida de mor-

208. "De cada qual, segundo sua capacidade; a cada qual, segundo suas necessidades", um princípio e uma frase de efeito popularizada por Karl Marx e pelos anarquistas comunistas, como Carlo Cafiero, Piotr Kropotkin e Errico Malatesta.
Fonte: Crítica ao programa de Gotha, de Karl Marx, disponível em: http://www.dominiopublico.gov.br/download/texto/cv000035.pdf

> tificações ascéticas que desde a mais remota antiguidade teve praticantes no seio de diversos povos?
> Procurai saber a quem ela aproveita e tereis a resposta. Se somente serve para quem a pratica e o impede de fazer o bem, é egoísmo, seja qual for o pretexto com que entendam de colori-la. Privar-se a si mesmo e trabalhar para os outros, tal a verdadeira mortificação, segundo a caridade cristã.[209]

Os antigos egípcios, cananeus e gregos tinham o costume de diversificar seus sacrifícios. Como tinham muitos deuses, se um deles porventura falhasse, esperavam que outro ainda pudesse lhes atender. Assim, sacrificavam ao sol, pela manhã; à deusa da terra, ao meio-dia, e a um grupo misto de fadas e demônios, à noite.

Mas isso não mudou muito e reverbera em nossos ouvidos as palavras do Codificador, registradas na Introdução de *O Evangelho segundo o Espiritismo*:

> As mais belas preces e os mais belos sacrifícios agradam menos à Divindade do que uma alma virtuosa que se esforça por assemelhar-se a ela. Seria grave que os deuses se interessassem mais por nossas oferendas do que por nossas almas. Dessa maneira, os maiores culpados poderiam conquistar os seus favores. Mas, não. Não há mais justos e sábios do que aqueles que, por suas palavras e por seus atos, resgatam o que devem aos deuses e aos homens.

A única coisa que mudou com relação aos egípcios, cananeus e gregos e toda uma infinidade de culturas que buscavam ser atendidos por um sem-número de deidades de seu panteão é que agora cultuamos novos deuses.

209. *O Livro dos Espíritos*, de Allan Kardec, questões 720, 720a e 721.

Nesse momento estaremos pisando em solo pantanoso; portanto, buscaremos fazê-lo com todo cuidado. O espiritismo vem até nós com a sublime tarefa de reavivar os ensinamentos do Cristo, complementando-os com aquilo que não pôde falar a seu tempo, conforme o próprio Jesus avaliou e João descreveu no capítulo 15 de seu Evangelho. Portanto, cabe à doutrina dos espíritos revelar o que estava escondido e esclarecer o que era confuso, e, quanto a isso, estava claro desde que o Consolador havia sido anunciado. Portanto, por uma questão óbvia a nós espíritas, às denominações cristãs falta o entendimento de que o Consolador já veio, que para elas é uma questão ainda confusa e incerta, por isso não o têm em conta de suas doutrinas. Nem sequer o aguardam, ou suas revelações.

E nos terrenos onde faltam a clareza e a certeza, abundam teses, vias alternativas e mistérios insolúveis de toda ordem. Sem as informações que só o Consolador seria capaz de deter, as narrativas religiosas em que muitas pessoas hoje acreditam mantêm-se incompletas, cheias de buracos e eivadas de contradições. Por isso, essas mesmas pessoas raramente depositam toda sua fé numa única narrativa. Em vez disso, mantêm um portfólio com várias narrativas e diversas identidades, passando de uma para outra quando surge necessidade.

Essas dissonâncias cognitivas são inerentes a quase todas as sociedades e movimentos. Posso ser um brasileiro leal com obrigações especiais para com a nação brasileira, e ainda assim ter outras identidades. Posso ser também socialista, espírita, marido, pai, professor e vegetariano, e cada uma dessas identidades envolve obrigações adicionais. Às vezes, várias de minhas identidades puxam-me para diferentes direções, e algumas de minhas obrigações entram em conflito uma com a outra. Mas quem disse que a vida é fácil?

O problema em se diferenciar o bem do mal, o certo do errado, é que as coisas ruins, na vida real, nem sempre aparentam ser feias. Podem ser muito bonitas na aparência. Existe um documentário nazista chamado *O triunfo da vontade*, um registro grandioso do 6º Congresso do Partido Nazista, que aconteceu em Nuremberg no ano de 1934. O vídeo começa com Hitler chegando de avião, onde é ovacionado por multidões, que saúdam o *führer*, totalmente hipnotizadas. Tudo é mostrado de forma gigantesca, as paradas, os desfiles militares e os jovens que louvam a suástica parecendo em total estado de catarse. O documentário é desconcertante e contém, além disso, vários discursos de Hitler, capazes de levar os telespectadores mais invigilantes às lágrimas. Algumas cenas são tão hipnóticas e poéticas, que são capazes de fazer com que questionemos a própria realidade dos fatos.

Como o terror pode ser esteticamente tão belo e poético? E é isso que fez com que alemães, russos, italianos e tantos povos se perdessem dentro desse lindo coletivo. Inclusive, dentre os próprios brasileiros, há os que sonham com o retorno de um regime militar totalitário ao país.

E poder-se-ia pensar que, após doze anos de lavagem cerebral nazista, muitos alemães seriam totalmente incapazes de encontrar algum sentido em suas vidas no pós-guerra, depois de tanto tempo dedicando-se à causa nacional, odiando judeus, negros e homossexuais, entregando seus filhos ao exército e aplaudindo milhões de mortes. Mas a maioria dos alemães recuperou-se com incrível velocidade. Em algum lugar de suas mentes eles haviam mantido outras narrativas sobre o mundo. Portanto, eles se adaptaram a novas identidades e encontravam novos significados para suas vidas.

E, apesar de 20% dos líderes regionais do partido nazista, assim como 10% dos generais terem cometido suicídio, a vasta maioria dos nazistas de carteirinha e até mesmo os soldados da SS nem enlouqueceram nem se mataram. Continuaram a ser agricultores, professores, médicos e corretores de seguro produtivos. Na verdade, nenhum suicídio cometido por membros de grupos extremistas prova ter havido um comprometimento absoluto com uma única narrativa.

Em 2015, o Estado Islâmico orquestrou vários ataques suicidas em Paris, que mataram 130 pessoas. O grupo extremista explicou que fez isso como vingança pelo bombardeio a ativistas do Estado Islâmico na Síria e no Iraque pela Força Aérea Francesa, na esperança de demover a França de realizar esses ataques no futuro. O Estado Islâmico declarou também que todos os muçulmanos mortos pela Força Aérea Francesa eram mártires, que agora usufruíam da felicidade eterna no céu.

Mas essa não seria uma ótima notícia? Se de fato os mártires mortos pela Força Aérea Francesa estão agora no céu, por que deveria alguém buscar vingança em Paris? Vingança pelo que, exatamente? Por mandar pessoas para o céu? Se você acabasse de ouvir que seu querido irmão ganhou 1 milhão de dólares na loteria, você começaria a explodir casas lotéricas como vingança? Então por que ir praticar violência em Paris só porque a Força Aérea Francesa deu a alguns de seus irmãos um bilhete só de ida para o paraíso? Seria ainda aconselhável que a França realizasse mais bombardeios na Síria, pois nesse caso mais muçulmanos iriam para o céu!

Alguma coisa aqui não faz muito sentido. A conclusão lógica, então, seria que os ativistas do Estado Islâmico, na verdade, não se importaram muito que seus mártires tenham ido para o céu. Por isso ficam furiosos quando foram bombardeados e mortos. Mas, se assim fosse, por que alguns deles vestem cinturões explosivos e voluntariamente se explodem? Muito provavelmente, a resposta é que eles, talvez, se agarrem a duas narrativas contraditórias, sem pensar muito nas inconsistências. Como já observado, alguns neurônios simplesmente podem não estar falando uns com os outros.

Oitocentos anos atrás, outro exército francês invadiu o Oriente Médio, no que ficou conhecido para a posteridade como a Sétima Cruzada. Liderados pelo rei santo Luís IX, os cruzados esperavam conquistar o Vale do Nilo e transformar o Egito num baluarte cristão. No entanto, foram derrotados na batalha de El Mansoura, e a maior parte dos cruzados foi feita prisioneira. Um cavaleiro cruzado, Jean de Joinville, escreveu depois, em suas memórias, que, quando a batalha estava perdida e eles resolveram se render, um de seus homens disse: "Não posso concordar com essa decisão. Meu conselho é que deveríamos todos nos deixar matar, pois assim iremos para o paraíso". Joinville comenta secamente que "nenhum de nós seguiu seu conselho". Aparentemente, embora os cruzados acreditassem na salvação e no paraíso, no momento da verdade optaram por reconsiderar suas apostas.

Ao longo da História, quase todos os humanos acreditaram em diversas narrativas ao mesmo tempo, e nunca estavam absolutamente convencidos da verdade de qualquer uma delas. Essa incerteza incomodou a maioria das religiões, que por isso consideravam a fé uma virtude cardinal e que a dúvida estava entre os piores pecados possíveis, como se houvesse algo intrinsecamente bom em acreditar em coisas sem evidência.

Mas esse é um erro crasso de praticamente todas as religiões. Fé não tem nada a ver com acreditar. Fé vem do latim *fides*, e está ligada à fidelidade, ser fiel; portanto, fazer igual. Acreditar vem do latim *creditum*, ou seja, dar crédito. O que fiéis do mundo todo têm feito é usar fé para dar crédito. Quem acredita é que dá crédito, um voto de confiança; mas quem tem fé *segue* os passos de seu modelo, pois, não duvida.

Com a ascensão da cultura moderna, a fé foi parecendo, cada vez mais, uma escravidão mental, enquanto a dúvida passou a ser vista como uma pré-condição para a liberdade. E em grande parte por causa de um homem: William Shakespeare. Entre 1599 e 1602 o dramaturgo escreveu uma de suas obras-primas, conhecida como *Hamlet*, um príncipe que permanece cético e ambivalente até o fim, sem descobrir o sentido da existência nem resolver em sua mente se é melhor *ser ou não ser*. Hamlet é o paradigma do herói moderno. A modernidade não rejeita as vastas narrativas que ela herda do passado, mas, sim, monta um grande *playground* com todas elas. O humano moderno está livre para experimentá-las todas, combinando-as a seu gosto.

E nós sabemos que algumas pessoas não aguentam tanta liberdade e incerteza. O próprio espiritismo traz essa liberdade de ação que, ao mesmo tempo que encanta os adeptos, com palavras como as de Emmanuel, que diz "é proibido proibir[210]", igualmente os confunde, já que nossas bases judaico-cristãs vêm nos impondo a obediência cega a uma série de ritos, sacramentos e normativas há séculos.

O que os seres humanos fazem quando, não encontrando o sentido da vida, não sabem em qual narrativa acreditar? Ficam a passear no *playground* do mundo, com a liberdade de escolher o que quiserem, examinando e experimentando até o fim, sem se filiarem a nenhuma das opções existentes, acreditando que cada um é que imbui significado às coisas, mediante as livres escolhas e os próprios sentimentos. Essa é a nova armadilha do século XXI, que irá ainda se desenrolar por um longo período.

Allan Kardec perguntou:

> 825. Haverá no mundo posições em que o homem possa jactar-se de gozar de absoluta liberdade?
> *Não, porque todos precisais uns dos outros, assim os pequenos como os grandes.*

---

210. *Vida e sexo*, de Emmanuel, psicografado por Francisco Cândido Xavier, Introdução.

826. Em que condições poderia o homem gozar de absoluta liberdade?

Nas do eremita no deserto. Desde que juntos estejam dois homens, há entre eles direitos recíprocos que lhes cumpre respeitar; não mais, portanto, qualquer deles goza de liberdade absoluta[211].

Primeiro, precisamos entender que nosso controle sobre o mundo exterior é limitado. O mundo é de todos, e todos o controlam de alguma forma. Não decidimos quando chove.

Depois, entendamos que não controlamos totalmente nem o que está acontecendo dentro de nosso próprio corpo. Não controlamos nossa pressão arterial tanto quanto gostaríamos.

E seguida, precisamos compreender que não controlamos nem mesmo nossa mente – alguém já tentou meditar ou só ter pensamentos felizes?

Por fim, nos damos conta de que mal controlamos nossos sentimentos, desejos, ou mesmo nossas reações a esses desejos.

E, apesar de não termos tanto livre-arbítrio quanto gostaríamos, podemos tentar ficar um pouco mais livres da tirania da nossa vontade. Mas normalmente damos tanta importância a nossos desejos que tentamos controlar e moldar o mundo inteiro de acordo com eles. É melhor compreender a nós mesmos, nossa mente e nossos desejos que realizar qualquer fantasia que pipoque em nossa cabeça.

E, para entender a nós mesmos, um passo crucial é reconhecer que o "eu" é uma narrativa que os intrincados mecanismos de nossa mente estão o tempo inteiro fabricando, atualizando e reescrevendo. Como bem explicado por Freud, com seu *Id, Ego*

211. *O Livro dos Espíritos*, de Allan Kardec, questões 825 e 826.

e *Superego*[212], e André Luiz, com sua *casa mental*[213], nossa mente inconsciente funciona como um conjunto de "contadores de histórias" que explicam quem eu sou, o que eu quero, de onde venho, para onde vou e o que está acontecendo agora. Mas nossos narradores interiores, assim como nós, têm percepções errôneas e um entendimento limitado do mundo. E, assim, construímos nosso mito pessoal, com certas memórias valorizadas e traumas de estimação que nem sempre se parecem com a verdade.

Na era das redes sociais pode-se observar esse processo de construção de mitos mais claramente que nunca, porque parte dele foi terceirizado da mente para o computador. É fascinante e assustador contemplar pessoas *on-line* construindo e embelezando um eu perfeito. É assim que um feriado em família cheio de engarrafamentos, discussões bobas e silêncios tensos torna-se uma coleção de lindos panoramas, jantares perfeitos e rostos sorridentes. Se apenas conseguíssemos sentir o que as pessoas nas fotos estavam sentindo quando elas foram tiradas!

E assim como o vento é uma mistura de ar, aroma, temperatura, poeira e velocidade, a compreensão de nós mesmos é uma mistura de pensamentos, emoções e desejos que experimentamos

---

212. O **Id** é o inconsciente primitivo e menos acessível da personalidade, uma força que busca a satisfação imediata, ignorando a realidade. Busca o prazer, evitando a dor e contém nossa energia psíquica básica, ou a libido, e se expressa por meio da redução de tensão. Por exemplo: as pessoas famintas devem ir em busca de comida, caso queiram descarregar a tensão induzida pela fome. O **Ego** é um mediador, que facilita a interação entre o **Id** e o mundo externo. Representa a razão e tem consciência da realidade, regulando o **Id**. Mas o **Ego** extrai sua força do **Id**. Freud comparava a interação entre o **Ego** e o **Id** com um cavaleiro montando um cavalo. O animal fornece energia para mover o cavaleiro, mas a força do animal deve ser conduzida ou refreada com as rédeas, senão acaba derrotando o **Ego** racional. O **Superego** surge quando a criança assimila as primeiras regras de comportamento, mediante o sistema de recompensas e punições. Mas, uma vez formado o **Superego**, o comportamento é determinado pelo autocontrole. O **Superego** representa a moralidade; Freud descreveu-o como o "defensor da luta em busca da perfeição". Obviamente, o **Superego** estará em constante conflito com o **Id**.
213. *No mundo maior*, de André Luiz, psicografado por Francisco Cândido Xavier, capítulo 3.

através das eras, e certamente não somos essa narrativa simples e pura que acreditamos ser. Vivenciamos todas essas narrativas internas, mas não as controlamos integralmente; na grande parte das vezes somos comandadas por elas. E tomar esse controle é o que vem sendo vendido como a fórmula presente nas latas de "reforma íntima" disponíveis nas casas espíritas.

As pessoas perguntam "quem sou eu?" e esperam que alguém lhes conte uma história, seja sua mãe, seu psicólogo ou seu terapeuta regressional. A primeira coisa que precisamos saber sobre nós mesmos é que nós somos uma história e toda história tem um sentido – do contrário, não seria história, mas um amontoado de expressões soltas.

Capítulo 22

Os bem-aventurados

INEVITAVELMENTE, DENTRE TODAS as questões relativas ao futuro de nosso mundo, deveremos tratar do homem que mais soube nos falar sobre o futuro da Terra. Aquele que nos trouxe as maiores lições sobre como será o mundo do futuro, quem habitará nele, e cuja palavra é lei: Jesus.

E, dentre todas as lições que nosso governador planetário nos deixou enquanto esteve encarnado entre nós, as bem-aventuranças são, talvez, seu maior ensinamento e, por isso mesmo, merecem uma análise doutrinária especial, sobretudo por se tratar de uma explanação direta de Jesus sobre a destinação, não só da Terra, mas de todos nós e nossa responsabilidade nesse processo: "E, interrogado pelos fariseus sobre quando havia de vir o reino de Deus, respondeu-lhes, e disse: O reino de Deus não vem com aparência exterior. Nem dirão: Ei-lo aqui, ou: Ei-lo ali; porque eis que o reino de Deus está entre vós".[214]

Analisaremos o texto que se encontra no capítulo 5 de Mateus.

Jesus tinha uma visão muito clara do que deveria ser humanidade do futuro, ou para onde a humanidade deveria caminhar

214. Lucas 17:20-21.

nesse longo processo de amadurecimento espiritual. Por isso, ao avaliarmos o caminho para o mundo regenerador que se descortina aos poucos à nossa frente, não podemos nos eximir de nossas atitudes perante as transformações que nos aguardam. O mundo de regeneração virá e, infelizmente, nem todos estaremos aqui para vivenciá-lo. Mas, graças a Jesus, sabemos, frente a todos os desafios do futuro, alguns dos quais abordamos na presente obra e quais deverão ser nossas atitudes principais.

Jesus soube, como mais ninguém, traçar um perfil moral do ser humano do futuro, esse que deverá habitar o mundo de regeneração – e, óbvio, modelo que deveremos alcançar para usufruir da ascensão planetária. E, caso queiramos estar sempre atualizados com as novidades que o progresso traz, não é necessário que aprendamos informática, compremos um *smartphone* novo ou nos matriculemos em um curso de robótica ou engenharia genética. Basta estudar as bem-aventuranças, um resumo da *verdadeira* disciplina do futuro.

> 1. E Jesus, vendo as multidões, subiu a um monte, e assentando-se, aproximaram-se dele os seus discípulos;

Em Mateus, ao narrar este episódio, é dito que Jesus "subiu a um monte", daí o título que ficou célebre de O Sermão do Monte, ou O Sermão da Montanha. É interessante notar que Lucas descreve a mesma cena, mas dizendo que Jesus estava em um local plano, ou uma planície. Quando analisamos o texto em si, devemos entender que, enquanto Lucas nos passa a ideia de uma consolação mais imediata, referente ao plano físico, Mateus nos traz um ensinamento de caráter mais elevado, que fala de questões voltadas ao espírito imortal. Por isso Lucas diz que Jesus "desceu a um lugar plano" e Mateus diz que Jesus "subiu ao monte", numa possível metáfora referente ao que cada um absorveu do momento: Lucas, sob uma perspectiva mais plana e material; Mateus, sob uma perspectiva mais elevada e espiritual. Portanto, quando a cristandade fala no Sermão do Monte, a referência é o *Evangelho de Mateus*, pois ficou mais famoso e teve maior repercussão, justamente por seu caráter mais elevado.

Gandhi disse que se todos os livros sagrados do mundo se perdessem e sobrasse apenas o Sermão da Montanha, nada estaria perdido. E parece ser uma grande verdade, pois as orientações mais relevantes à nossa evolução espiritual se reúnem ali.

> 2. E abrindo a sua boca, os ensinava, dizendo: Bem-aventurados[215] os pobres de espírito[216], porque deles é o reino dos céus;

Uma pessoa pode ser milionária, mas ser desapegada ao dinheiro e ligada às coisas do espírito - pobre de espírito ou, numa tradução mais oportuna, pobre *pelo* espírito -, ao mesmo tempo em que uma pessoa pode ser um mendigo, morar na rua, e ser completamente apegada às suas tralhas, transferindo para as suas bugigangas o amor ao dinheiro que ele não tem. Um rico pode não sofrer se vier a perder o dinheiro que tem, enquanto um pobre pode sofrer pelo dinheiro que não tem.

No entanto, seria estranho pensar que Deus teria algum tipo de preferência pelos pobres, apenas por serem desprovidos de posses materiais. Essa ideia acabou sendo implantada ao longo dos séculos pela Igreja como forma de manter a população passi-

215. A palavra latina *beatus* é a origem da palavra "beatitude," que significa "ser bem-aventurado," "ser feliz" ou "ser abençoado."

216. Humberto Rohden, filósofo, educador e teólogo brasileiro, desencarnado em 1981, argumentava que a melhor tradução para essa expressão seria *pobres pelo espírito*, e não *pobres de espírito* ou *pobres no espírito* ou seja, pobres pelo espírito, ou seja, pobres por sua escolha, pelo seu livre-arbítrio, os que são pobres não por necessidade, mas por darem mais importância às coisas espirituais.

va e conformada, revoltando-se menos com as más condições de vida. O cerne da questão é: possuir dinheiro, mas sem ser possuído por ele. O Universo está repleto de fartura e abundância, e o dinheiro é um recurso neutro, que pode ser negativo ou positivo conforme a aplicação que dermos a ele.

Os pobres pelo espírito, então, são aqueles que já se conscientizaram e estão, pouco a pouco, se libertando do domínio da matéria e dando a importância devida ao espírito. São os que estão libertos da necessidade de posse material, os humildes, os simples de coração, de sentimentos, os que têm menos necessidades.

Talvez por todos os significados implícitos a essa questão Jesus tenha começado seu discurso dessa forma. A condição de receptividade provocada pela conscientização, essa ânsia pelas coisas espirituais é o que acaba alicerçando todas as demais bem-aventuranças. Sem esta condição de pobreza pelo espírito não haveria condições de praticar ou vivenciar as outras bem-aventuranças.

> 4. Bem-aventurados os que choram, porque eles serão consolados;

Esta segunda bem-aventurança carrega em si uma série de interpretações. Jesus pontua que esse é um tipo de choro que precisa de consolo para cessar, o fim de um sofrimento. É o choro daqueles que estão expiando seus males resignadamente e buscam o alívio das bênçãos dos céus, na falta de consolo no mundo: os acamados, os enfermos, os miseráveis, os famintos, os abandonados, os violentados, os traídos, os obsidiados, os desgraçados de toda sorte. É o choro dos que têm culpa e buscam o perdão, arrependidos pelo mal que fizeram e que muitas vezes não pode ser desfeito nesta existência, o choro dos que descobriram tarde demais como diferenciar o certo do errado e, por isso, amargam incríveis dificuldades.

Mas a segunda bem-aventurança também se refere aos que choram, pois, se tornaram conscientes do seu estado de pequenez espiritual, e buscam o consolo na realidade espiritual, como cura para os seus males.

De qualquer forma, o sofrimento assinala o início da cura espiritual. Mas, se há a angústia pelo reconhecimento dos erros, pelos quais estamos expiando amargamente, há também o conforto do arrependimento e da disposição de consertar os próprios erros ou compensar o mal causado a outrem e, consequentemente, a nós mesmos. E quem já se conscientizou também sofre ao constatar os pensamentos dominantes entre os espíritos encarnados e desencarnados que nos cercam. Quem já se deu conta da realidade espiritual, chora intimamente ao perceber a influência nefasta na qual o povo está imerso, nos programas de TV acéfalos, na música degradante, nas diversões degeneradas, nas redes sociais transbordantes de ilusões, na falta de educação e estudo de grande parte das pessoas, no abuso do poder, na corrupção, na futilidade e na sensualidade aviltante, no desrespeito ao próximo e na falta de fé e de ética em tantos meios.

Os que choram estão conscientes, mas poderão ser consolados a partir de seus próprios atos, pois já conhecem os meios de libertação da escravidão da matéria.

> 5 Bem-aventurados os mansos, porque eles herdarão a Terra;

Manso é o abnegado, que entende a situação em que vive, estando em um mundo de expiação e provas, sujeito a uma série de vicissitudes inerentes a espíritos como ele próprio, endividados, que aqui precisam reencarnar para um aprendizado e amadurecimento necessários ao seu progresso espiritual.

Esses adquiriram consciência de sua pequenez espiritual. É a prevalência da consciência sobre os instintos, libertando-se das emoções efusivas, desequilibrantes O manso não é aquele que perdeu a força; é o que aprendeu a controlá-la e dirigi-la para objetivos mais construtivos. A mansidão pressupõe o abandono de todo e qualquer apego ou violência, física ou mental, e abre mão de pensamentos negativos. Adquiriu a paciência e sabe que Deus está agindo silenciosamente a favor de quem compartilha de seus ideais superiores. Por isso não se ofende nem guarda rancor. Em vez disso, ora pelo melhor resultado das coisas, entendendo que ele mesmo comete erros.

Assim como os pobres pelo espírito são capazes de possuir dinheiro sem serem possuídos por ele, os mansos possuirão a Terra, mas sem que as questões da Terra os possuam.

Os mansos e pacíficos conservam dentro de si os bons sentimentos, mas sem serem dominados pelas emoções, sejam boas ou ruins. Deixarão de chorar de alegria ou de tristeza, mas continuarão a sentir alegria ou tristeza, sem serem dominados pela emoção. O sentimento de descontentamento, acrescido de emoção, pode levar à raiva. O sentimento de prazer, acrescido de emoção, pode levar ao abuso do vício. Mansuetude representa equilíbrio. A mansidão é um passo além. Quem conquistou a mansidão tem um maior domínio sobre si mesmo, é espiritualmente maduro. Sente amor sem sentir paixão, sente uma íntima alegria sem deixar-se levar pela euforia.

Os sentimentos são eternos e devem ser cada vez mais desenvolvidos, mas as emoções são típicas de nosso estágio de recém-saídos da animalidade e precisam ser controladas, sob pena de perdermos a razão.

> 6. Bem-aventurados os que têm fome e sede de justiça, porque eles serão fartos;

Fome e sede são as primeiras necessidades que devem ser atendidas, ao custo da sobrevivência do ser. Essa forma figurada de falar nos revela o quanto o sentimento de justiça é primário e importante. Quem tiver fome e sede de justiça será farto (ou saciado). Justiça anda lado a lado com justeza, o ajustamento às leis divinas; então, é a fome e sede de ajustamento, ou melhor, de justeza, de ajustar-se, alinhar-se com as leis divinas, ou seja, com o que é correto, equilibrado, não só do ponto de vista moral, ético, mas também do natural.

É a atitude justa e reta perante Deus. E sempre que nos desviamos da estrada reta, enveredando por desvios e atalhos, experimentamos a dor, um mecanismo de reajuste para com as leis de Deus. Mas assim que retomamos o caminho reto que leva a Deus nós nos livramos da dor, afinal, dentro das leis divinas, a lei de justiça é indissociável do amor e da caridade.[217]

> 7. Bem-aventurados os misericordiosos, porque eles alcançarão misericórdia;

Esta bem-aventurança é resultado prático e imediato da lei de causa e efeito, que é seguidamente lembrada por Jesus, para que a registremos e tenhamos sempre em mente que a semeadura é livre, mas a colheita é obrigatória.

Mas aqui cabe uma reflexão mais aprofundada. A lei dos homens, por exemplo, busca ser justa, não misericordiosa. No entanto, a misericórdia faz parte das leis de Deus. Talvez a característica de Deus de que nós mais nos beneficiemos seja exatamente a misericórdia. Deus consegue ser justo e misericordioso ao mesmo tempo e não há contradição nisso. Deus é justo através da lei de causa e efeito, segundo a qual nós sempre colhemos

217. *O Livro dos Espíritos*, de Allan Kardec, Terceira Parte, Das leis morais, capítulo 11.

o que nós plantamos, e Deus é misericordioso ao nos oferecer, sempre, novas oportunidades de recomeço. Portanto, ser misericordioso é entender que Deus está agindo.

E não importa se cometemos centenas de erros em uma encarnação. Não necessariamente teremos que repará-los todos de uma só vez; poderemos cumprir vários resgates, utilizando, para isso, várias reencarnações, evitando um sobrepeso cármico. Deus não tem pressa, somos todos imortais, embora esticar nosso reajuste indefinidamente possa nos pôr em situação difícil. Veja o que já está acontecendo na atualidade, em que o degredo planetário para os renitentes já começou[218].

Infelizmente, não costumamos lembrar as inúmeras vezes em que nós recebemos a misericórdia dos outros. Quando os outros suportam a nossa antipatia, o nosso mau humor, a nossa má vontade, as nossas eventuais falhas de caráter, às vezes algum erro grosseiro, uma falta de educação ou atitude covarde, sem que nós ao menos tenhamos conhecimento disso.

A misericórdia é uma característica que leva à caridade. Quem age com misericórdia releva os erros alheios por compreender que esses erros são fruto da ignorância e deixa a cargo de Deus a incumbência de ministrar as lições necessárias.

Quanto mais se dá horizontalmente, mais se recebe verticalmente, ou seja, quanto mais se contribui com o desenvolvimento do próximo, que é o que está à nossa volta, encarnado ou desencarnado, mais se recebe do Alto, pois ao darmos de nós mesmos nós nos elevamos vibracionalmente e ficamos mais próximos da Espiritualidade superior.

Exercendo a misericórdia para consigo mesmo e para com o próximo, o espírito está se alinhando com Deus. Está se tornando digno da misericórdia divina.

---

218. *A viagem espírita de 1862*, de Allan Kardec. Discursos pronunciados nas reuniões gerais dos espíritas de Lyon e Bordeaux, parte II.

8. Bem-aventurados os puros de coração, porque eles verão a Deus;

O limpo de coração (ou puro de coração) possui a consciência tranquila. Não carrega consigo sentimento de culpa, pois sabe que dá o melhor de si em todas as situações. Já é pobre pelo espírito, pois a ganância não o consome nem os contratempos o ferem; não verte lágrimas, pois entende que tudo que lhe acontece faz parte da Providência Divina de acordo com seus próprios méritos; é manso, sem ser omisso, pois resignou-se frente à vontade divina e entende tanto seu papel, quanto o papel de Deus no Universo; é justo o quanto pode e sabe que o que lhe acontece faz parte de uma justiça maior, embora seja humilde em reconhecer que nem sempre consiga apreendê-la de imediato; é misericordioso com outrem e sabe que Deus é igualmente misericordioso com os erros clamorosos que já cometeu, ainda comete e os que, com certeza, cometerá no futuro. Por tudo isso, dorme tranquilo à noite, não se agasta, nem teme ser desmascarado, pois seus atos nunca têm segundas intenções.

Não é escravizado a afetos egoísticos, nada nem ninguém tem poder sobre ele e sente-se próximo a Deus, sabendo que o Pai pode manifestar-se através dele, onde e com quem estiver.

No entanto, não devemos confundir a pureza de coração com o puritanismo sexual. Algumas mentes menos esclarecidas acreditam que coração limpo é sinônimo de castidade, a falta do desejo e do contato sexual. Sexo é energia divina e se praticado com afeto é manifestação e vivência do amor de Deus. E as próprias entidades venerandas afirmam que o prazer é fundamental para a vida humana, um atrativo para o ser humano cumprir com os desígnios providenciais[219].

---

219. *O Livro dos Espíritos*, de Allan Kardec, questão 712.

Talvez os puros de coração não sintam tanta necessidade da prática sexual devido à sua elevação espiritual. Mas a diminuição do desejo sexual pode ser considerada uma consequência da pureza conquistada; não é a inibição do desejo ou da prática sexual que leva à pureza.

> 9. Bem-aventurados os pacificadores, porque eles serão chamados filhos de Deus;

Ninguém pode ser pacificador de outros se não for pacificador de si mesmo. A paz individual produz a paz social. Atualmente, sociólogos e especialistas das mais diversas áreas oferecem as mais variadas teorias visando a melhora da sociedade. Mas, por mais bem-intencionados que sejam, e por mais verdadeiras que sejam as bases dos seus estudos, a sociedade dificilmente poderá ser mudada coletivamente. A sociedade é formada por indivíduos, é a soma dos indivíduos, e só a melhora individual pode melhorar a sociedade como um todo.

> 10. Bem-aventurados os que sofrem perseguição por causa da justiça, porque deles é o reino dos céus;

Não raro a justiça humana, embora um reflexo da justiça divina, distancia-se dos propósitos que ela mesma defende. Na história humana, em todas as épocas, seres humanos inocentes sofreram nas mãos daqueles que os deviam proteger. Cristãos perseguidos por suas crenças, lançados aos leões; depois, detendo o poder, de perseguidos tornaram-se perseguidores implacáveis daqueles que não comungavam com seus ideais, empreendendo guerras, torturando e queimando inocentes em grandes piras flamejantes. Por milênios o "olho por olho, dente por dente" foi considerado justiça, até que a civilidade venceu a barbárie e instituiu-se chamar "pagar o mal com o mal" de vingança, e a justiça deu um passo à frente, afastando-se da punição a caminho da corrigenda. Até há poucos anos o duelo era argumentação frente a injúria e a infâmia, defendido pela justiça comum, até ser derrubado pelos ideais da preservação da vida. A justiça humana ainda não é perfeita, mas caminha para chegar, um dia, à perfeição.

> 11. Bem-aventurados sois vós, quando vos injuriarem e perseguirem, e, mentindo, falarem todo mal contra vós por minha causa.

E Jesus parecia "adivinhar" que em pouco tempo seus adeptos seriam perseguidos, presos, torturados e mortos por seus opositores. Ainda hoje, falar de religião é entrar em área sensível, de difícil entendimento. A religião trata da moral humana, e o orgulho inerente ao ser humano faz com que muitos dentre nós dificilmente aceitem que sua moral seja questionada, fazendo com que cristãos persigam cristãos. Centenas de denominações cristãs lutam entre si pela posse da verdade, e o espiritismo enfrenta seus próprios desafios nesse campo, num terreno onde não raro falta o estudo entre seus adeptos e abunda o personalismo enraizado nas opiniões próprias.

Então? Preparados para o futuro?

Conclusão

NA MENTE DE muitos, o processo de transição planetária tem se confundido com uma espécie de "fim do mundo". Claro, é o fim desse mundo de expiação e provas e o início de outro, melhor. Jesus havia dito que:

> Levantar-se-ão muitos falsos profetas que seduzirão a muitas pessoas; e, porque abundará a iniquidade, a caridade de muitos esfriará; mas aquele que perseverar até o fim será salvo. E este Evangelho do reino será pregado em toda a Terra, para servir de testemunho a todas as nações. É então que o fim chegará.[220]

E, realmente, as ideologias sobre a Terra se multiplicam como a areia do mar, como abordamos durante toda a presente obra. Mas Jesus nos alerta sobre o caráter imortal de seu Evangelho, a título de verdade, que deverá ser nosso guia pelos tempos vindouros, a partir de seu tempo, passando por hoje e com vistas ao futuro. E quando o Cristo anunciava:

220. Mateus 24:11-14.

> Também ouvireis falar de guerra e de rumores de guerra; tratai de não vos perturbardes, porquanto é preciso que essas coisas se deem; mas ainda não será o fim, pois ver-se-á povo levantar-se contra povo e reino contra reino; e haverá pestes, fomes e tremores de terra em diversos lugares, todas essas coisas serão apenas o começo das dores."[221]

Da mesma forma falava do embates entre as várias crenças e sistemas presentes sobre a Terra, das opiniões divergentes entre as ideias progressistas e as ideias retrógradas. Mas, completa Jesus, "[...] Esses dias serão abreviados em favor dos eleitos.[222]

Devendo a prática do Evangelho determinar a melhora do estado moral dos seres humanos, essa prática trará o reinado do bem sobre a Terra. Jesus ainda anuncia um fenômeno que acompanhará esse processo, ao afirmar que: "Nos últimos tempos, diz o Senhor, espalharei do meu espírito por sobre toda a carne; vossos filhos e vossas filhas profetizarão; vossos jovens terão visões e vossos velhos terão sonhos"[223].

Para nós, espíritas, é bem clara a alusão, nas palavras do Cristo, à proliferação da mediunidade e das comunicações dos espíritos, sobretudo com a disseminação do espiritismo e da multiplicação dos grupos mediúnicos.

E sobre o próprio degredo, tão comentado pelo próprio Codificador a seu tempo, Jesus revela que:

> Ele [o Filho do Homem] separará uns dos outros, como um pastor separa dos bodes as ovelhas, e colocará à sua direita as ovelhas e à sua esquerda os bodes. Então, dirá o Rei

221. Mateus 24:6-8.
222. Mateus 24:22.
223. Atos, 2:17 e 18.

aos que estiverem à sua direita: "Vinde a mim, benditos de meu Pai [...][224],

Ficando claro que, para que o bem reine na Terra, é necessário sejam dela excluídos os espíritos endurecidos no mal e que possam acarretar-lhe perturbações. Serão exilados para mundos inferiores, como aconteceu conosco em eras anteriores, quando da constelação de Capela e Sírius fomos encaminhados para cá.

Fica para nós a lição de que tudo na Criação rege-se pela harmonia e que, se vemos em nossa época a realização de tantas coisas, como relatamos nos capítulos anteriores, é que estas têm uma razão de ser na marcha do progresso. Estamos todos submetidos à lei do progresso. Nosso planeta progride, fisicamente, pela transformação dos elementos que o compõem; e, moralmente, pela depuração dos espíritos encarnados e desencarnados que o povoam. Ambos esses progressos se realizam paralelamente, já que a melhoria da casa tem relação com a melhoria do seu morador.

A antropologia, a biologia e tantas outras ciências já nos mostraram que as criaturas que habitam a Terra vêm melhorando geração após geração. Moralmente, a humanidade vem progredindo pelo desenvolvimento da inteligência e do senso moral. O ser humano saneia as regiões insalubres, torna mais fácil a comunicação entre os seres e mais produtiva a terra.

E, se a humanidade tem realizado, até o presente, incontestáveis progressos, com os seres humanos, com a sua inteligência, chegando a resultados que nunca antes haviam alcançado, sob o ponto de vista da ciência, das artes e do bem-estar material, resta ainda a todos nós mais um grande progresso a realizar: o de desenvolvermos entre nós a caridade, a fraternidade e a solida-

224. Mateus 25:31-46.

riedade, e termos assegurado nosso bem-estar moral. É o desenvolvimento do sentimento, destruindo o egoísmo e o orgulho.

Esse é o grande período em que vamos entrar em breve e que marcará uma das fases principais da vida humana. Essa fase, que neste momento se elabora, é o complemento indispensável do atual estado em que estamos, como um movimento universal. O velho mundo em breve estará morto e apenas viverá nos livros de história, como estão hoje os tempos da Idade Média, com seus costumes bárbaros e suas crenças supersticiosas.

Mas ainda temos, inevitavelmente, luta de ideias. A humanidade se transforma, como já se transformou em outras épocas, e cada transformação fica marcada por uma crise, como crises de crescimento: penosas, dolorosas, e arrebatando consigo instituições inteiras, mas vindo em seguida o progresso material e moral. A humanidade terrestre, tendo chegado a um desses períodos de crescimento, está no trabalho da sua transformação, inquieta, agitando-se de todos os lados, como se sofresse de uma febre incurável, impelida por invisível força. Assim continuará, até que se haja outra vez estabilizado em novas bases.

Mas, grande ainda é o número dos retardatários. Essa onda de desvarios que ainda vemos mundo afora, arroubos de violência e embates passionais são daqueles que ainda buscam agarrar-se às antigas bases, mas tendem a desaparecer dia após dia, a passos largos, encarnação após encarnação. Mas até lá, porém, eles defenderão palmo a palmo seu terreno. Ainda teremos, portanto, uma luta inevitável, mas será uma luta desigual, porque os ideais decrépitos e atrasados do passado não serão páreo para os ideais jovens e vigorosos do futuro. Para que a Terra seja habitada por pessoas felizes, é preciso que somente espíritos bons a povoem. Avalia Kardec que grande emigração de espíritos se verifica, estando os espíritos endurecidos no equívoco, excluídos, porque, senão, ocasionariam nova perturbação e confusão na Terra, constituindo obstáculo ao progresso[225].

Irão expiar o endurecimento de seus corações, uns em mundos inferiores; outros aqui mesmo, nas raças ainda atrasadas e primitivas, às quais levarão os conhecimentos que hajam adquirido, tendo por missão fazê-las avançar.

Mas não haverá mudança alguma na ordem natural das coisas, e a mudança será tão sutil quanto silenciosa, encarnação a encarnação. Em cada criança que nascer, ao invés de um espírito atrasado e inclinado ao mal, virá um espírito mais adiantado e propenso ao bem. E poderemos observar tais modificações no cerne de cada criança, pois terão disposições intuitivas e inatas, sendo fácil distinguir a qual geração pertence cada indivíduo: cabendo-lhe trabalhar em prol da era do progresso moral, a nova geração que já está reencarnada, se distingue pela inteligência precoce e pelo sentimento inato do bem, além da facilidade de aceitação das crenças espiritualistas.

No entanto, não devemos entender que a emigração de espíritos, expulsos da Terra para mundos inferiores, acontecerá a todos os espíritos retardatários. Muitos, ao contrário, aí voltarão, pelo fato de que há muitos que caíram por ceder ao arrastamento das circunstâncias e do exemplo. Esses serão auxiliados por espíritos benévolos que por eles se interessam e correrão a esclarecê-los o quanto antes.

A regeneração da humanidade, portanto, não exige a renovação integral dos espíritos: basta uma melhoria em suas tendências morais. Assim, nem sempre os que voltarão a encarnar são espíritos de outras esferas. Muitas vezes são os mesmos espíritos daqui, mas pensando e sentindo de outra maneira.

Opera-se na atualidade um desses movimentos gerais, desti-

---

225. *A Gênese*, de Allan Kardec, capítulo 18, A nova geração.

nados a realizar uma remodelação da humanidade e, nesse ínterim, para o materialista, as tragédias coletivas parecem calamidades inconsoláveis, mas o espírita sabe que isso se dá para que a renovação ocorra mais rápido! E, um dia, todos os homens serão forçados a abrir os olhos para a grande verdade.

Talvez, assim que chegar às prateleiras das livrarias, esta obra já precise ser atualizada, com o acréscimo de um capítulo ou, quem sabe, a exclusão de outro. Quem sabe? Como diz a frase popular: "O futuro a Deus pertence", embora eu pessoalmente acredite que nos pertença também; afinal, estamos falando do nosso futuro.

Felizmente, nosso futuro já está garantido. E será brilhante. Seremos anjos vivendo em mundos angelicais. Aliás, não há dúvidas sobre isso. A única dúvida que paira sobre essa questão é em quanto tempo isso acontecerá, e, nesse quesito, pressa traduz-se, necessariamente, em esforço pessoal.

Uma história de autoria desconhecida conta que, certo dia, houve um grande incêndio em uma floresta, e todas as áreas foram cercadas por um fogo denso e destruidor. Os animais, atônitos, não sabiam o que fazer e nem para onde correr. E enquanto todos corriam com medo do fogo, de repente, todos pararam e viram que um beija-flor ia até a margem do rio, mergulhava, enchia seu bico com o máximo de gotas de água que podia, voava até a floresta em chamas e deixava as gotinhas caírem sobre as labaredas. Sem perda de tempo, ele voltava ao rio e repetia sua tentativa, incessantemente. Os demais animais silvestres acharam aquela atitude estranha, inútil, e até mesmo boba, pois o fogo continuava alastrando-se. Em nada, nada mesmo, seu esforço influía no debelar das chamas. Foi então que o elefante, vendo aquilo, disse-lhe:

– Você está louco? Acredita que estas poucas gotas de água podem apagar um incêndio tão grande?

Ao que o passarinho respondeu:

— Eu estou fazendo o que eu dou conta... Se todo mundo ajudar com o que puder, com certeza conseguiremos alguma coisa.

Acredito, firmemente, que esse, sim, será o melhor caminho que poderemos trilhar até o mundo de regeneração.

Bibliografia

LIVROS

Bíblia Sagrada (A). Tradução de João Ferreira de Almeida. 4ª ed. São Paulo: Sociedade Bíblica do Brasil, 2010.

BLANNING, T. *The pursuit of glory*. Nova York: Penguin Books, 2008.

BONTEMPO, M. *Medicina natural: homeopatia e radiestesia*. São Paulo: Nova Cultural, 1992.

CAPRA, F. *O Tao da Física*. Queluz de Baixo: Editorial Presença, 2009.

COPE, D. H. *Comes the fiery night*: 2000 Haiku by Man and Machine. CreateSpace Independent Publishing Platform, 2011.

DENIS, L. *No Invisível*. Brasília: FEB, 2009.

________. *O problema do ser, do destino e da dor*. Brasília: FEB, 2012.

EDDINGTON, A. *The nature of the physical world*. Montana: Kessinger Publishing, 2010.

FAN, H. Y. CONNER, R. F. e VILLAREAL, L. P. *AIDS: Science and society*. Sudbury: Jones and Bartlett Publishers, 2011.

FRANCO, DIVALDO P.; ÂNGELIS, JOANNA DE (espírito). *Após a tempestade*. Salvador: LEAL, 1974.

________. MIRANDA, M. P. (espírito); *Amanhecer de uma nova era.*

Salvador: Leal, 2012.

________. Miranda, M. P. (espírito); *Transição planetária*. Salvador: Leal, 2010.

Freud, S. *O ego e o id e outros trabalhos*. São Paulo: Imago, 1996.

Gat, A. *War in human civilization*. Oxford: Oxford University Press, 2006.

Harari, Y. N. *21 lições para o século 21*. São Paulo: Companhia das Letras, 2018.

Harari, Y. N. *Homo Deus*. São Paulo: Companhia das Letras, 2016.

Hesse, H. *A história do mundo em 50 frases*. São Paulo: Leya Brasil, 2014.

Huntington, S. P. *The crash of civilizations and the remaking of world order*. New York: Simon & Schuster, 2011.

Kardec. A. *A Gênese*. Tradução de Guillon Ribeiro. 53 ed. Brasília: FEB, 2013.

________. *A Viagem Espírita de 1862*. São Paulo: O Clarim, 2015. DIAS, H. D.

________. *O Evangelho segundo o Espiritismo*. Tradução de Guillon Ribeiro. Brasília: FEB, 2004.

________. *O Livro dos Espíritos*. Tradução de Guillon Ribeiro. Brasília: FEB, 2004.

________. *O Livro dos Médiuns*. Tradução de Guillon Ribeiro. Brasília: FEB, 2004.

Levi, G. C.; LEVI, M.; OSELKA, G. *Vacinar, sim ou não?* Um guia fundamental. São Paulo: MG Editores, 2018.

Lipton, B. H. *A biologia da crença*. São Paulo: Butterfly, 2007.

Novo Testamento (O). 1ª ed. Brasília: FEB, 2013.

Pilati, R. *Ciência e pseudociência*: por que acreditamos naquilo em que queremos acreditar. São Paulo: Editora Contexto, 2018.

Sears, R. W. *The vaccine book: making the right decision for your child.*

Boston: Little Brown and Company, 2011.

Shakespeare, W. *Romeu e Julieta.* por William Shakespeare. Tradução de José Francisco Botelho. São Paulo: Penguin, 2016.

Xavier, F. C.; De Deus, M. J. (espírito); . *Cartas de uma morta.* Brasília: FEB, 2013.

________. Emmanuel (espírito); *O consolador.* Brasília: FEB, 2013.

________. Emmanuel (espírito); *Caminho da luz.* Brasília: FEB, 2013.

________. Emmanuel (espírito); *Há 2.000 anos.* Brasília: FEB, 2014.

________. Luiz, André (espírito); *Nosso Lar.* Brasília: FEB, 2014.

________. Luiz, André (espírito); *Mecanismos da mediunidade.* Brasília: FEB, 2013.

________. Luiz, André (espírito); *Missionários da luz.* Brasília: FEB, 2004.

________. De Campos, H, (espírito); *Brasil, Coração do mundo, pátria do evangelho.* Brasília: FEB, 2004.

Xavier, F. C. e Vieira, W.; Luiz, A. (espírito); *No mundo maior.* Brasília: FEB, 2014.

________. Luiz, A. (espírito); *Conduta espírita.* Brasília: FEB, 2014.

________. Luiz, A. (espírito); *Evolução em dois mundos.* Brasília: FEB, 2013.

________. Luiz, A. (espírito); *Sexo e destino.* Brasília: FEB, 2013.

________. Luiz A.; Emmanuel (espíritos); *Busca e acharás.* São Paulo: Ideal, 2019.

SITES

10 Notáveis antigos sábios indianos que estavam familiarizados com tecnologia avançada e ciência antes da era moderna
serieaharpasagrada.blogspot.com/2015/10/10-notaveis-antigos-sabios-indianos-que.html.
(Último acesso em 16 de julho de 2019)

2018 registrou número mais baixo de ataques terroristas em 7 anos
veja.abril.com.br/mundo/2018-registrou-numero-mais-baixo-de-ataques-terroristas-em-7-anos/
(Último acesso em 16 de julho de 2019)

A busca da felicidade
super.abril.com.br/cultura/a-busca-da-felicidade/
(Último acesso em 15 de julho de 2019)

A história que deu origem ao mito da ligação entre vacinas e autismo
bbc.com/portuguese/geral-40663622.
(Último acesso em 17 de julho de 2019)

A população não é igual ao seu governo, cuidado!
ghiraldelli.pro.br/politica-2/populacao-nao-e-igual-ao-seu-governo-cuidado.html

Amazônia não produz 20% do oxigênio do mundo
nationalgeographicbrasil.com/meio-ambiente/2019/08/amazonia-oxigenio-mundo-pulmao-floresta-amazonica-queimadas

Angelina Jolie anuncia ter retirado seios para evitar câncer
bbc.com/portuguese/noticias/2013/05/130514_angelina_jolie_retirada_seios_rw.
(Último acesso em 15 de julho de 2019)

Anitta faz tranças no cabelo e é acusada de apropriação cultural
correiobraziliense.com.br/app/noticia/diversao-e-arte/2017/02/24/interna_diversao_arte,576525/anitta-faz-trancas-no-cabelo-e-e-acusada-de-apropriacao-cultural.shtml.
(Último acesso em 16 de julho de 2019)

Brasil é o segundo no ranking mundial de cirurgias plásticas

vidasaudavel.gazetaesportiva.com/bem-estar/brasil-e-o-segundo-no-ranking-mundial-de-cirurgias-plasticas/

(Último acesso em 15 de julho de 2019)

Brasil tem o maior número de dentistas do mundo, à frente dos EUA e países europeus

cliqueabc.com.br/brasil-tem-o-maior-numero-de-dentistas-do-mundo-frente-dos-eua-e-paises-europeus/

(Último acesso em 15 de julho de 2019)

Can you explain how Billy Beane (Moneyball) changed the business of baseball to someone who doesn't know much about algorithms, business, or for that matter, baseball?

quora.com/Can-you-explain-how-Billy-Beane-Moneyball-changed-the-business-of-baseball-to-someone-who-doesn-t-know-much-about-algorithms-business-or-for-that-matter-baseball.

(Último acesso em 15 de julho de 2019)

Cientistas desenvolvem nanorrobôs capazes de reduzir tumores e combater o câncer

canaltech.com.br/inovacao/cientistas-desenvolvem-nanorrobos-capazes-de-reduzir-tumores-e-combater-o-cancer-108474/

(Último acesso em 15 de julho de 2019)

Combate à fome no Brasil se estagnou, afirma ONU

exame.abril.com.br/brasil/combate-a-fome-no-brasil-se-estagnou-afirma-onu/

(Último acesso em 15 de julho de 2019)

Comunicação, colaboração, criatividade e criticidade: os 4 Cs e os saberes do docente na educação básica

educere.bruc.com.br/arquivo/pdf2017/24758_13961.pdf.

(Último acesso em 17 de julho de 2019)

Conheça a lente de contato que controla a diabetes
g1.globo.com/ciencia-e-saude/noticia/2014/07/conheca-lente-de-contato-que-controla-diabetes.html.
(Último acesso em 15 de julho de 2019)

Considerações sobre o conceito de pobreza
bibliotecadigital.fgv.br/ojs/index.php/rbe/article/download/292/6543
(Último acesso em 15 de julho de 2019)

Crise da obesidade ameaça Europa até 2030
comunicacaoecrise.com/site/index.php/artigos/802-crise-da-obesidade-ameaca-europa-ate-2030
(Último acesso em 15 de julho de 2019)

Darpa is implanting chips in soldiers brains
fusion.net/story /204316/darpa-is-implanting-chipsin-soldiers-brains/
(Último acesso em 15 de julho de 2019)

Darpa teams begin work on tiny brain implant to treat
theverge.com/2014/5/28/5758018/darpa-teamsbegin-work-on-tiny-brain-implant-to-treat-ptsd
(Último acesso em 15 de julho de 2019)

Data and Statistics About ADHD.
cdc.gov/ncbddd/adhd/data.html.
(Último acesso em 15 de julho de 2019)

Década perdida (Japão)
https://pt.wikipedia.org/wiki/D%C3%A9cada_perdida_(Jap%C3%A3o).
(Último acesso em 15 de julho de 2019)

Declaração Universal dos Direitos do Homem
pfdc.pgr.mpf.mp.br/atuacao-e-conteudos-de-apoio/legislacao/direitos-humanos/declar_dir_homem.pdf
(Último acesso em 15 de julho de 2019)

Disease burden and mortality estimates
who.int/healthinfo/global_burden_disease/estimates/en/index1.html.
(Último acesso em 15 de julho de 2019)

Drugs and Crime Facts
bjs.gov/content/dcf/duc.cfm
(Último acesso em 15 de julho de 2019)

Drugs and Crime Facts
bjs.gov/content/pub/pdf/dcf.pdf
(Último acesso em 15 de julho de 2019)

É possível conectar um cérebro humano à internet?
fatosdesconhecidos.com.br/e-possivel-conectar-um-cerebro-humano-internet/
(Último acesso em 15 de julho de 2019)

Edzard Ernst: um cientista no combate à medicina alternativa
super.abril.com.br/ciencia/edzard-ernst-um-cientista-no-combate-a-medicina-alternativa/
(Último acesso em 16 de julho de 2019)

EEG & ECG Biosensor Solutions.
neurosky.com/
(Último acesso em 15 de julho de 2019)

Emotiv Epoc + 14 Channel Mobile EEG
emotiv.com/store/epoc-detail/
(Último acesso em 15 de julho de 2019)

Enem 2019 – Guia completo
querobolsa.com.br/enem
(Último acesso em 17 de julho de 2019)

Excesso de açúcar mata mais de 3 milhões de pessoas por ano
www1.folha.uol.com.br/folha/ciencia/ult306u15494.shtml.
(Último acesso em 16 de julho de 2019)

Fatores ambientais que influenciam a plasticidade do SNC

revistas.usp.br/actafisiatrica/article/view/102269

Felicidade

dicio.com.br/felicidade/

(Último acesso em 15 de julho de 2019)

Felicidade Interna Bruta

https://pt.wikipedia.org/wiki/Felicidade_Interna_Bruta.

(Último acesso em 15 de julho de 2019)

Finding Flow: The Psychology of Engagement With Everyday Life

researchgate.net/publication/200026151_Finding_Flow_The_Psychology_of_Engage-ment_With_Everyday_Life

(Último acesso em 15 de julho de 2019)

Fome no mundo pobre e crise alimentar numa França rica

pt.rfi.fr/franca/20180911-fome-no-mundo-pobre-crise-alimentar-numa-Franca-rica. Último acesso em 15 de julho de 2019

Francisco de Eguía, el "arma biológica" que aniquiló a millones de indios en América

blogs.publico.es/strambotic/2018/10/guerra-biologica-america/

(Último acesso em 15 de julho de 2019)

Gerontology Research Group.

grg.org/Adams/B.HTM. Último acesso em 15 de julho de 2019.

(Último acesso em 15 de julho de 2019)

Global Health Observatory data repository

apps.who.int/gho/data/node.main.RCODWORLD? lang=em.

(Último acesso em 15 de julho de 2019)

Global Homicide Book

unodc.org/documents/gsh/pdfs/2014_GLOBAL_HOMICIDE_BOOK_web.pdf

(Último acesso em 15 de julho de 2019)

Google quer desafiar a morte com o lançamento da Calico
exame.abril.com.br/ciencia/google-quer-desafiar-a-morte-com-o-lancamento-da-calico/
(Último acesso em 15 de julho de 2019)

Grande Cisma
https://pt.wikipedia.org/wiki/Grande_Cisma
(Último acesso em 17 de julho de 2019)

Gripe espanhola
https://pt.wikipedia.org/wiki/Gripe_espanhola_de_1918.
(Último acesso em 15 de julho de 2019)

Guerra civil síria
https://pt.wikipedia.org/wiki/Guerra_Civil_S%C3%ADria.
(Último acesso em 15 de julho de 2019)

Havaí
https://pt.wikipedia.org/wiki/Hava%C3%AD
(Último acesso em 15 de julho de 2019)

Hocus Pocus
https://pt.wikipedia.org/wiki/Hocus_Pocus
(Último acesso em 17 de julho de 2019)

How eeg devices read brainwaves
huffingtonpost.com/2012/11/20/mindcontrol-how-eeg-devices-read-brainwaves_n_2001431.html
(Último acesso em 15 de julho de 2019)

Índice da Percepção da Corrupção 2018
ipc2018.transparenciainternacional.org.br/?gclid=CjwKCAjw--7LrBRB6EiwAhh1yX_hxtWnVWi9j9CNAi7PwIRT5N6f7opRg-4cRZAhlNQpQLyb9Ugg4ssBoCcEEQAvD_BwE

Inpe registra 6.947km² de desmatamento na Amazônia em 2017
obt.inpe.br/OBT/noticias/inpe-registra-6-947-km2-de-desmatamento-na-amazonia-em-2017.
(Último acesso em 27 de agosto de 2019)

Instill knowledge like never before
mindojo.com/
(Último acesso em 15 de julho de 2019)

Israel pode ser exemplo na luta contra o terrorismo
dw.com/pt-br/israel-pode-ser-exemplo-na-luta-contra-o-terrorismo/a-18873609.
(Último acesso em 16 de julho de 2019)

Jeremy Bentham
https://pt.wikipedia.org/wiki/Jeremy_Bentham.
(Último acesso em 15 de julho de 2019)

Lista de fomes em massa
https://pt.wikipedia.org/wiki/Lista_de_fomes_em_massa.
(Último acesso em 15 de julho de 2019)

Macaco usa mente para controlar e sentir avatar
exame.abril.com.br/ciencia/macaco-usa-mente-controla-e-sente-avatar/
(Último acesso em 15 de julho de 2019)

Maioria de países na Europa permite aborto de anencéfalo
conjur.com.br/2012-abr-12/maioria-paises-europeus-permite-aborto-feto-anencefalo
(Último acesso em 15 de julho de 2019)

Mao e o grande salto para a fome: um catálogo de horrores
g1.globo.com/pop-arte/blog/maquina-de-escrever/post/mao-e-o-grande-salto-para-fome-um-catalogo-de-horrores.html.
(Último acesso em 15 de julho de 2019)

Mortalidade infantil – Novo relatório da ONU analisa a saúde infantil
comunicacao.mppr.mp.br/2017/10/12801/mortalidade-infantil-novo-relatorio-da-onu-analisa-a-saude-infantil.html.
(Último acesso em 15 de julho de 2019)

Motins da fome na França e na Inglaterra no século XVIII
saber.unioeste.br/index.php/temasematizes/article/view/430.
(Último acesso em 15 de julho de 2019)

Mudanças climáticas e aquecimento global – Nova formatação e paradigma para o pensamento contemporâneo?
periodicos.ufsm.br/cienciaenatura/article/view/13221/pdf
(Último acesso em 27 de agosto de 2019)

Não existe aquecimento global.
uol.com.br/tilt/ultimas-noticias/redacao/2009/12/11/nao-existe-aquecimento-global-diz-representante-da-omm-na-america-do-sul.htm
(Último acesso em 27 de agosto de 2019)

Nova missão de Zuckerberg para o Facebook: aproximar o mundo
economia.uol.com.br/noticias/bloomberg/2017/06/23/nova-missao-de-zuckerberg-para-o-facebook-aproximar-o-mundo.htm.
(Último acesso em 16 de julho de 2019)

Number of children given drugs for ADHD up ninefold with patients as young as THREE being prescribed Ritalin
dailymail.co.uk/health/article-2351427/amp/Number-children-given-drugs-ADHD-ninefold-patients-young-THREE-prescribed-Ritalin.html
(Último acesso em 15 de julho de 2019)

O CO_2 é bom para as plantas?
cronicadaciencia.blogspot.com/2010/08/o-co2-e-bom-para-as-plantas-se-fosse-so.html
(Último acesso em 27 de agosto de 2019)

O Espelho de Lazaro Ramos e Leandro Karnal
geledes.org.br/o-espelho-de-lazaro-ramos-e-leandro-karnal/

O lado escuro da comida
super.abril.com.br/saude/o-lado-escuro-da-comida/
(Último acesso em 16 de julho de 2019)

Offender management statistics quarterly: July to September 2018
gov.uk/government/statistics/offender-management-statistics-quarterly-july-to-september-2018.
(Último acesso em 15 de julho de 2019)

OMS divulga relatório sobre mortes no trânsito e sugere redução de velocidade em áreas

g1.globo.com/carros/noticia/2018/12/07/oms-divulga-relatorio-sobre-mortes-no-transito-e-sugere-reducao-de-velocidade-em-areas-urbanas.ghtml.
(Último acesso em 16 de julho de 2019)

OMS: epidemia de ebola é emergência de saúde pública mundial

https://agenciabrasil.ebc.com.br/internacional/noticia/2014-08/oms-epidemia-de-ebola-e-emergencia-de-saude-publica-mundial.
(Último acesso em 15 de julho de 2019)

OMS: Obesidade mata 2,8 milhões por ano

abeso.org.br/noticia/oms-obesidade-mata-28-milhoes-por-ano.
(Último acesso em 15 de julho de 2019)

'Pâncreas biônico' feito com iPhone combate diabetes com eficácia.

g1.globo.com/bemestar/noticia/2014/06/pancreas-bionico-feito-com-iphone-combate-diabetes-com-eficacia.html.
(Último acesso em 15 de julho de 2019)

Partos ideológicos

www1.folha.uol.com.br/colunas/helioschwartsman/2019/06/partos-ideologicos.shtml.
(Último acesso em 16 de julho de 2019)

Pesquisadores brasileiros criam capacete capaz de ler pensamentos

g1.globo.com/jornal-nacional/noticia/2010/12/pesquisadores-brasileiros-criam-capacete-capaz-de-ler-pensamentos.html.
(Último acesso em 15 de julho de 2019)

Peste Negra

https://pt.wikipedia.org/wiki/Peste_negra.
(Último acesso em 15 de julho de 2019)

Por que o papa Francisco decidiu falar sobre aquecimento global?
epoca.globo.com/colunas-e-blogs/blog-do-planeta/noticia/2015/06/por-que-o-papa-decidiu-falar-sobre-aquecimento-global.html.
(Último acesso em 16 de julho de 2019)

Praga de Justiniano
istoe.com.br/tag/praga-de-justiniano/
(Último acesso em 15 de julho de 2019)

Ranking aponta que Brasil usa menos agrotóxico que a Europa
revistagloborural.globo.com/Noticias/Agricultura/noticia/2019/06/ranking-aponta-que-brasil-usa-menos-agrotoxico-que-europa.html

Rato-Robô
istoe.com.br/22122_rato+robo/
(Último acesso em 15 de julho de 2019)

Ray Kurzweil e Aubrey de Grey na capa da Veja desta semana
fabulosofuturo.blogspot.com/2011/06/ray-kurzweil-e-aubrey-de-grey-na-capa.html. Último acesso em 15 de julho de 2019.

Regeneração da floresta é rápida, mas perde a maioria das espécies
diretodaciencia.com/2019/03/12/regeneracao-de-floresta-tropical-e-rapida-mas-perde-maioria-das-especies/
(Último acesso em 27 de agosto de 2019)

Relações entre Croácia e Sérvia
https://pt.wikipedia.org/wiki/Rela%C3%A7%C3%B5es_entre_Cro%C3%A1cia_e_S%C3%A9rvia.
(Último acesso em 17 de julho de 2019)

Review: The Pleasure Center: Trust your animal instincts
sciencedirect.com/science/article/pii/S0262407909604619.
(Último acesso em 15 de julho de 2019)

Smart Drugs "As Common As Coffee": Media Hype about Neuroenhancement

journals.plos.org/plosone/article?id=10.1371/journal.pone.0028416.

(Último acesso em 15 de julho de 2019)

Stockholm: Members of Epicenter workspace are using microchip implants to open doors

ibtimes.co.uk/stockholm-office-workers-epicenter-implantedmicrochips-pay-their-lunch-1486045.

(Último acesso em 15 de julho de 2019)

Suicídio na Coreia do Sul

https://pt.wikipedia.org/wiki/Suic%C3%ADdio_na_Coreia_do_Sul.

(Último acesso em 15 de julho de 2019)

Temperatura global irá subir 2°C até 2100, afirmam pesquisas

www1.folha.uol.com.br/ambiente/2017/07/1905895-aumento-inferior-a-2c-no-mundo-e-improvavel-dizem-pesquisas.shtml.

(Último acesso em 16 de julho de 2019)

The future of employment: how susceptible are Jobs to computerisation?

oxfordmartin.ox.ac.uk/downloads/academic/The_Future_of_Employment.pdf.

(Último acesso em 15 de julho de 2019)

Today's decisions deserve tomorrow's insights

ibm.com/watson/health/

(Último acesso em 15 de julho de 2019)

Três versões do narcisismo das pequenas diferenças em Freud

pepsic.bvsalud.org/scielo.php?script=sci_arttext&pid=S2176-48912011000200004.

(Último acesso em 16 de julho de 2019)

Tudo sobre carro autônomo

quatrorodas.abril.com.br/tudo-sobre/carro-autonomo/

(Último acesso em 15 de julho de 2019)

UCSF Robotic Pharmacy, San Francisco
pharmaceutical-technology.com/projects/ucsf-robotic-pharmacy-san-francisco/
(Último acesso em 15 de julho de 2019)

Unconscious determinants of free decisions in the human brain
researchgate.net/publication/5443390_Unconscious_determinants_of_free_decisions_in_the_human_brain
(Último acesso em 15 de julho de 2019)

U.S. Military Leads Quest for Futuristic Ways to Boost IQ
newsweek.com/2014/03/14/us-military-leads-quest-futuristic-way sboost-iq-247945.html.
(Último acesso em 15 de julho de 2019)

Vacinas, evolução, transgênicos: pesquisa revela crenças dos brasileiros
revistaquestaodeciencia.com.br/questao-de-fato/2019/05/13/vacinas-evolucao-transgenicos-pesquisa-revela-crencas-dos-brasileiros.
(Último acesso em 17 de julho de 2019)

Varíola
https://pt.wikipedia.org/wiki/Var%C3%ADola.
(Último acesso em 15 de julho de 2019)

Viagem ao berço do coltan, o coração dos smartphones
brasil.elpais.com/brasil/2016/02/19/internacional/1455896992_924219.html.
(Último acesso em 15 de julho de 2019)

Watson (supercomputador)
https://pt.wikipedia.org/wiki/Watson_(supercomputador)
(Último acesso em 15 de julho de 2019)

What should we do about student use of cognitive enhancers? An analysis of current evidence
ncbi.nlm.nih.gov/pubmed/22732441.
(Último acesso em 15 de julho de 2019)

Zap your brain into the zone: Fast track to pure focus

newscientist.com/ article/ mg21328501.600–zap-y our-brain-into-thezone-fast-track-to-pure-focus.html

(Último acesso em 15 de julho de 2019)

Zuckerberg: Facebook assume nova missão para 'aproximar o mundo'

oglobo.globo.com/ sociedade/ zuckerberg-facebook-assume-nova-missao-para-aproximar-mundo-21507035.

(Último acesso em 16 de julho de 2019)